Schöningh
westermann

EinFach Deutsch

Wolfgang Herrndorf

Tschick

... verstehen

Erarbeitet von
Alexandra Wölke

Herausgegeben von
Johannes Diekhans
Michael Völkl

Bildnachweis

|Horn, Matthias, Berlin: 26, 36, 52, 54, 56, 59, 100. |Johannes Puch, Klagenfurt am Wörthersee: 105. |Landestheater Tübingen, Tübingen: (Schauspieler: Henry Braun als Maik, Dimetrio-Giovanni Rupp als Tschick und Magdalena Flade als Sprachtherapeutin), Fotograf: Frank Pieth 103, 120. |Picture-Alliance GmbH, Frankfurt a.M.: dpa/Elsner, Erwin 81. |Theater Kohlenpott, Bochum: Mischa Lorenz 114. |Theater Paderborn, Paderborn: © Dieckhoff 47. |TU Berlin Bühnenbild_Szenischer Raum, Berlin: Theater Paderborn / Julia Casabona 2015 45. |VG BILD-KUNST, Bonn: Wolfgang Herrndorf, Selbstporträt W. Herrndorf, 1988 © VG Bild-Kunst, Bonn 2015 77.

westermann GRUPPE

Druck A^4 / Jahr 2021
Alle Drucke der Serie A sind im Unterricht parallel verwendbar.

Umschlaggestaltung: Nora Krull, Hamburg
Umschlagbild: Theater Aachen, © Carl Brunn
Druck und Bindung: Westermann Druck Zwickau GmbH,
Crimmitschauer Straße 43, 08058 Zwickau

ISBN 978-3-14-**022645**-5

Inhaltsverzeichnis

An die Leserin und den Leser

Der Roman „Tschick" von Wolfgang Herrndorf ist ein literarisches Ereignis und ein Überraschungserfolg, mehrfach ausgezeichnet mit Preisen und inzwischen bereits in 24 Sprachen übersetzt. Binnen kürzester Zeit hat er seinen Weg nicht nur in die Schulklassen in und auch außerhalb Deutschlands, sondern auch auf die Bühnen geschafft und verdrängte dort mehrere Jahre hintereinander sogar den goetheschen Dauerbrenner „Faust I" vom Rang der höchsten Aufführungszahl. Die Rechte für eine Verfilmung sind verkauft und so wird es nicht lange dauern, bis der Roman „Tschick" als Film in die Kinos kommt. Worin aber besteht der Zauber der Geschichte, die junge und nicht mehr ganz so junge Menschen, Frauen und Männer, Schüler und Pädagogen überall auf der Welt fasziniert?
Der überwältigende Erfolg hat sicher mit den beiden Hauptfiguren zu tun: Maik Klingenberg und Andrej Tschichatschow, genannt „Tschick", wird man, lässt man sich einmal auf sie ein, kaum je wieder vergessen. Zu sehr spiegelt sich in den beiden Jugendlichen, die sich aus verschiedenen Gründen nicht den gesellschaftlich akzeptierten Verhaltensnormen anpassen wollen und können, Ersehntes oder Befürchtetes, Erlebtes oder Erdachtes wider, das zugleich fremd ist und doch mit der eigenen Geschichte des Erwachsenwerdens etwas zu tun hat. Von Peinlichkeiten und Demütigungen in der Schule und im Elternhaus ist die Rede sowie von der Angst, nicht akzeptiert zu werden und darüber den Mut zu verlieren, man selbst zu sein. Das heimliche, unerwiderte Verliebtsein kündet von der Macht der erwachenden Gefühle, die nach Ausdruck und Erfüllung verlangen. Vor allem aber verlockt der Ruf der Freiheit und Freundschaft dazu, Grenzen zu überschreiten und mit ihnen auch die Kindheit hinter sich zu lassen.

Maiks und Tschicks Aus- und Aufbruch finden in einem gestohlenen, mit allerlei Plunder vollgeladenen Auto und mit einem – zur Tarnung – ins Gesicht geklebten Hitler-Bärtchen aus schwarzem Isolierband statt. Der feige, wehrlose Sprössling einer gut situierten Familie verbündet sich mit einem deutsch-russischen „Asi", um dessen Verwandte in der Walachei zu besuchen, einem Ort, von dem er nicht einmal glaubt, dass es ihn gibt. Die Situationen, die sie dann erleben, und die Menschen, die sie treffen, sind schräg, schön, urkomisch, tiefsinnig und großartig. Zwei anarchische Sehnsuchtsfiguren[1] sind beide, unaufhaltsam auf dem Weg zu sich selbst, zueinander und zur Welt, die sich als sehr viel freundlicher herausstellt, als von ihnen immer geglaubt.
Der vorliegende Band möchte Anregungen zum Hinterfragen und Weiterdenken geben und Aspekte aufzeigen, an denen es sich lohnt, gedanklich zu verweilen.

Ich wünsche Ihnen Freude und Erfolg beim Lesen und Verstehen.

Alexandra Wölke

---

[1] Vgl. Andre, Thomas: Wolfgang Herrndorfs Vermächtnis – Tschick ist zurück! In: Spiegel online 2014, www.spiegel.de/kultur/literatur/wolfgang-herrndorf-neuer-tschick-roman-bilder-deiner-grossen-liebe-a-992885.html (21.10.2015).

Der Inhalt im Überblick

Struktur des Romans: Rahmen- und Binnenhandlung

Die Handlung setzt unvermittelt damit ein, dass sich der jugendliche Ich-Erzähler Maik Klingenberg auf einer Polizeistation befindet und dort zu einem Unfall auf der Autobahn befragt wird, in den er maßgeblich verwickelt ist. Als er dort bewusstlos vom Stuhl fällt, wird er in ein Krankenhaus gebracht, wo seine Verletzung am Bein behandelt wird. Durch zahlreiche Andeutungen stellt sich der Leser Fragen, die erst fast gegen Ende des Romans, als Maik wieder bei seinen Eltern ist, beantwortet werden können. Der Aufbau des Romans basiert somit auf einer Rahmen- und einer Binnenhandlung.

Sodann wird chronologisch im Episodenstil weitererzählt. Die Geschichte eines Sommers beginnt für Maik in Berlin-Marzahn, wo er mit seinen Eltern wohnt und zur Schule geht. Sein Schülerleben ist wesentlich durch seine Außenseiterrolle geprägt, was ihn vor allem deshalb stört, da er sich in eine Mitschülerin namens Tatjana Cosic verliebt hat. Wie alle anderen in der Schule nimmt diese ihn jedoch überhaupt nicht wahr und lädt ihn darum zu ihrer groß angelegten Geburtstagsfeier nicht ein. Für Maik wiegt diese Ablehnung umso schwerer, als er mit viel Mühe als Geschenk eine aufwendige Zeichnung für sie erstellt hat, die er aus Verzweiflung ein Stück einreißt. Seine Einsamkeit wird noch dadurch verschlimmert, dass ihn seine Eltern für zwei Wochen allein zu Hause lassen wollen: Die Mutter, eine Alkoholikerin, muss wieder einmal in die Entzugsklinik und der Vater verbringt mit seiner jungen Geliebten einen Urlaub, den er seinem Sohn gegenüber als „Geschäftstermin" bezeichnet.

Die prekären Lebensverhältnisse des Schülers Maik Klingenberg

Diese aussichts- und trostlose Lage wird jäh durch die Bekanntschaft mit einem neuen Mitschüler durchbrochen, den Maik zuvor nur als äußerst unsympathisch wahrgenommen und deshalb gemieden hat. Bei Andrej Tschichat-

Vorstellung des neuen Mitschülers – Tschick, der deutsch-russische „Asi“

schow, genannt „Tschick“, handelt es sich nach eigenen Angaben um einen „jüdischen Zigeuner“ (S. 99) aus Russland. Als Neuankömmling in der Klasse hat er nähere Auskünfte um seine Person verweigert, sodass die Lehrer und Mitschüler nur spärlich etwas über sein „schweres Schicksal“ (S. 52[1]) und seine prekäre Lebens- und Wohnsituation erfahren. Umso deutlicher jedoch wird seine Angewohnheit, manchmal betrunken zur Schule zu kommen, weil dies zu schlechteren Leistungen sowie Aussetzern im Verhalten führt. Seine immer gleiche, billige Kleidung und die Plastiktüte, die er statt einer Schultasche verwendet, veranlassen sein schulisches Umfeld, in ihm einen „Asi“ (S. 41) zu sehen und ihn nicht weiter zu beachten.

Am letzten Schultag vor den Ferien und in der Folgezeit sucht Tschick die Nähe Maiks, der zunächst äußerst abweisend reagiert. Von seinen Eltern und der vietnamesischen Putzhilfe, die er aus Verlegenheit über seine plötzliche Hausherren-Rolle weggeschickt hat, verlassen, kann Maik jedoch der Verlockung, durch den gut gelaunten Tschick aus der Tristesse seines Alltags auszubrechen, nicht widerstehen. Als dieser einmal mit einem gestohlenen Auto, einem Lada Niva, vorfährt, steigt er nach kurzem Zögern ein.

Aufbruch zu einer unvergesslichen Fahrt

Auf der Fahrt provoziert ihn Tschick, indem er ihn als homosexuell bezeichnet, woraufhin Maik ihm die Zeichnung für Tatjanas Geburtstag zeigt, um ihn vom Gegenteil zu überzeugen. Tschick reagiert wie ausgewechselt, denn er erkennt sofort, dass Maik wirklich verliebt ist. Anders als jener will er jedoch nicht nur in seiner Fantasie agieren, sondern etwas tun, um aufzufallen. Er überredet Maik, uneingeladen auf Tatjanas Party aufzutauchen, um das Bild doch noch abzugeben. Sie fahren mit dem Lada vor den Augen der verblüfften Partygäste vor und mit einer 180-Grad-Dre-

---

[1] Sämtliche Stellenangaben beziehen sich auf die im Literaturverzeichnis aufgeführte Textausgabe des Rowohlt Verlags.

hung und quietschenden Reifen wieder davon. Dies wird nicht nur der Auftakt einer unvergesslichen Reise, sondern auch einer intensiven Freundschaft. Die beiden Minderjährigen packen allerlei Dinge in den Lada und brechen zu einer Reise in die Walachei zu Tschicks Großvater auf, ohne dazu mit einer Landkarte oder einem Handy ausgestattet zu sein.

Vergänglichkeit, Freiheit und Größe – ambivalente Erfahrungen auf der Reise

Die Reise beginnt – wie es angesichts des Alters, der Desorientierung und der verwirrenden Gefühls- und Gedankenwelt der Protagonisten erwartet werden kann – ausgesprochen holprig. Bevor es zu wichtigen Reisebegegnungen kommt, erleben die beiden Ausreißer auf ihrem Weg außerhalb stark befahrener Straßen in der freien Natur an den Weltuntergang erinnernde Wetterstürme und fühlen dabei im Innern die Freiheit von allen Zwängen. Tschick bringt Maik das Fahren bei, nachdem er versucht hat, ihrer beider Namen fahrend in ein Weizenfeld zu schreiben. Eine Begegnung mit der Familie des Klassenkameraden Lutz Heckel in einer Bäckerei verläuft noch einmal glimpflich, weil beide behaupten, sie machten eine Radtour. Dennoch wächst die Angst davor, erkannt und verfolgt zu werden. Auf einer Aussichtsplattform beobachtet Maik Rentner, die aus Bussen steigen und sich äußerlich vollkommen gleichen, und fühlt sich deprimiert durch den Gedanken an die Vergänglichkeit, die drohende Bedeutungslosigkeit und den Tod. Relativiert werden diese negativen Gedanken durch ein Gespräch mit Tschick über den Weltraum und die dort möglicherweise existierenden Wesen. Für beide hat der Gedanke an einen Planeten und dort lebende Weltrauminsekten, die sich ebenso wenig die Existenz von anderswo lebenden Menschen vorstellen können, wie dies umgekehrt der Fall ist, etwas Tröstliches, zumal sie sich selbst als in dieses Geheimnis Eingeweihte begreifen.

Die beiden Delinquenten entscheiden sich noch für einen Nummernschildwechsel, als sie Polizisten auf dem weiter unten liegenden Parkplatz bemerken. Die skurrile Begegnung mit einer Gruppe von Radfahrern, die sich offenbar für etwas Besseres halten, führt dem Leser auf ironische Weise eine Art Parallelwelt zu Maiks und Tschicks Art zu reisen vor Augen. Zwar auch komisch, gleichzeitig aber von besonderer Bedeutung ist die Begegnung mit einem Jungen und seiner Familie in einem nahe gelegenen Dorf.

Überraschende Begegnungen

Auf der Suche nach einem Supermarkt begegnen sie Friedemann, dessen Mutter sie sogleich zum Mittagessen einlädt, nachdem sie erfahren hat, dass beide der Hunger plagt. Ihrer sonderbaren Erscheinungsweise und ihren für die Berliner Jungen fremden Tischmanieren zum Trotz erweist sich die Familie als ein Musterbeispiel eines gut funktionierenden familiären Sozialsystems, das dem Leser die Erfahrungen und Werte aufzeigt, die Maik und Tschick in ihrem Alltag zu Hause vermissen.

Der Friede und Einklang mit der Umgebung währen nicht lange, denn nach einer Begegnung mit dem Dorfpolizisten und einer wilden Flucht – Maik auf dessen Fahrrad, Tschick mit dem Lada – gehen die beiden zunächst getrennte Wege. Nach einigem Nachdenken und vielen traurigen Befürchtungen um das vorzeitige Ende der Reise lässt sich Maik auf der Aussichtsplattform nieder und hofft, Tschick würde dies vermuten und ihn dort abholen. Erst am nächsten Tag gelingt das Wiedersehen, nachdem Tschick den Lada schwarz umgespritzt und mit neuen Kennzeichen versehen hat. Das nächste Problem jedoch lässt nicht lange auf sich warten – dem Auto geht das Benzin aus, und die beiden Jugendlichen trauen sich nicht, vor den Augen der Öffentlichkeit zu tanken. Stattdessen reift der Plan, mithilfe eines Schlauches Benzin aus einem anderen Auto zu stehlen.

Schicksalhafte Begegnung mit Isa Schmidt

Die Suche nach diesem Utensil treibt die beiden Jungen auf eine Müllkippe, auf der sie die Jugendliche Isa Schmidt treffen. Der erste Dialog, an dem vorrangig Tschick und Isa beteiligt sind, besteht aus dem Austausch gegenseitiger

Beleidigungen. Allerdings hilft Isa den Jungen, die Schläuche zu finden und später, nachdem sie ihnen bis auf den Parkplatz und zum Lada heimlich gefolgt ist, auch noch dabei, das Benzin aus dem Tank eines anderen Autos richtig anzusaugen, damit es in den vorgesehenen Behälter fließt. Als Gegenleistung verlangt sie, ein Stück mitgenommen zu werden. Auf der Fahrt entdecken die drei Jugendlichen einen See, und weil Isa stark nach Müllkippe riecht, werfen sie sie kurzerhand ins Wasser. Ohne Zögern und Scheu entkleidet sich Isa und seift sich ein, womit sie den in sexueller Hinsicht unerfahrenen Maik in große Verlegenheit bringt. Es kommt zu einem Annäherungsversuch, als Tschick die beiden für kurze Zeit verlässt, um Brötchen zu holen, und Maik Isa auf deren Wunsch hin die Haare schneidet. Nach Tschicks plötzlicher Rückkehr erklettern die drei einen Berg, auf dem eine Holzhütte mit Schnitzereien von verschiedenen, zum Teil bereits verstorbenen Wanderern Maik über den Tod nachdenken lässt. Die drei verabreden, sich in dreißig Jahren dort oben wieder zu treffen. Unten am Pass fasst Isa plötzlich den Entschluss, die beiden Jungen zu verlassen, um sich einer Reisegruppe in einem Bus anzuschließen und auf diesem Weg ein nicht näher bekanntes Lebensziel zu erreichen.

Surreale Begegnung mit Horst Fricke auf dem Gelände eines stillgelegten Braunkohlebergwerks

Nunmehr wieder zu zweit gelangen Maik und Tschick in ein stillgelegtes Braunkohlebergwerk, das in Maik aufgrund der Unwirtlichkeit und Menschenferne Assoziationen mit einer Mondlandschaft hervorruft. Das Dorf dahinter ist nur scheinbar verlassen, denn bald werden die beiden Eindringlinge von einem alten Mann beschossen. Nur widerwillig leisten sie seiner Einladung ins Innere seines Hauses Folge, wo er ihnen, nachdem er sich als Horst Fricke vorgestellt hat, seine verworrene Lebensgeschichte erzählt. Zum Abschied überreicht er den beiden noch ein geheimnisvolles Fläschchen mit einer übel riechenden Flüssigkeit mit der Versicherung, dies würde im Ernstfall ihr Leben retten, und verabschiedet sie. Kurz darauf geraten Maik und Tschick in eine fast aussichtslose Lage, als sie von einer Polizeistreife verfolgt werden und sodann gezwungen sind, einen Abhang hinunterzufahren. Sie überschlagen sich mehrmals mit dem Auto, welches auf dem Dach liegen bleibt.

Ein Krankenhausaufenthalt als Unterbrechung der Handlung

Während beide noch uneinig sind, ob eine Flucht zu Fuß sinnvoll ist, werden sie von einer übergewichtigen Frau überrascht, die einen Feuerlöscher in der Hand hält. Offenbar hat sie erwartet, dass der Lada Feuer fangen würde, und als dies nicht geschieht und sie erfährt, dass die Jungen das Auto gestohlen haben, lässt sie vor Schreck den Feuerlöscher auf Tschicks Fuß fallen. Aus Reue bringt sie den Verletzten in ein Krankenhaus, unterhält sich während der Fahrt mit ihm über ihren Beruf – sie ist Sprachtherapeutin – und lässt dabei einige praktische Übungen einfließen, die Maik, der als Einziger die nahende Polizeistreife bemerkt, fast zur Verzweiflung bringen. Nachdem Tschicks gebrochener Fuß gegipst worden ist und die beiden traurig aus dem Fenster blicken, weil die Reise nun an ihr Ende gekommen zu sein scheint, entdecken sie den Lada, der wieder auf die Räder gestellt worden ist und in erreichbarer Nähe steht. Sie beschließen, die Fahrt fortzusetzen, und begeben sich schnellstmöglich zum Auto. Wieder im Lada sitzend, traut sich Maik zunächst nicht, die Fahrerrolle zu übernehmen, und es kommt stattdessen zu einem vertrauten Gespräch. Tschick versichert Maik, in ihm nicht den Langweiler zu sehen, als den er sich selbst bezeichnet, und verrät ihm darüber hinaus sein Geheimnis: Er ist homosexuell.

Unfall auf der Autobahn

Maik macht diese Offenheit Mut, und so fährt er dann doch los. Auf der Autobahn kommt es zu einem schweren Unfall, als ein Schweinetransporter vor ihnen ins Schleudern gerät, umkippt und sie mit diesem kollidieren. Tschick flüchtet zu Fuß, während Maik von einem Polizisten auf die Wache mitgenommen wird. Was dort geschieht, wurde bereits am Anfang erzählt, sodass die Handlung vom Leser und der Leserin in Gedanken bis zum zweiten Teil des Erzählrahmens, in dem von Maiks Rückkehr in seine Welt erzählt wird, ergänzt werden muss.

Der Epilog – Maiks Leben nach der Reise mit Tschick

Maiks Vater reagiert äußerst harsch auf die Eskapaden seines Sohnes, indem er ihn zunächst dazu zwingen will, Tschick vor Gericht alle Schuld zu geben, und ihn dann, als dieser sich weigert, regelrecht verprügelt. Maiks Mutter hat dem nichts entgegenzusetzen, weil sie schon wieder unter Alkoholeinfluss steht. Erst vor Gericht kommt es zu einem Wiedersehen mit Tschick, welcher inzwischen in einem Heim untergebracht ist und von dort aus keinen Kontakt zu seinen Freunden haben darf. Die beiden Freunde fallen sich in die Arme und versuchen, in ihrer Aussage jeweils den anderen sowie die Sprachtherapeutin zu entlasten. Das Urteil fällt, vor allem weil ein Gutachter die prekäre familiäre Lage beider Jungen betont, milde aus. Zurück in der Schule bemerkt Tatjana die Schrammen in Maiks Gesicht und fragt mittels eines Zettelchens, was geschehen sei. Der autoritäre Geschichtslehrer macht sich einen Spaß daraus, den Briefwechsel vorzulesen und die Jugendlichen dadurch zu blamieren, wird dann aber ausgebremst, als Maik von zwei Polizisten aus dem Unterricht geholt und befragt wird.

Offenheit des Schlusses im Hinblick auf Zukunftsperspektiven

Maiks Wunsch danach, mehr Beachtung, insbesondere von Tatjana, zu erfahren, hat sich somit auf eine merkwürdige Weise erfüllt. Überdies erreicht ihn ein Brief von Isa, in welchem sie ihm ein baldiges Treffen vorschlägt. Die Handlung des Romans endet damit, dass Maiks Mutter Möbel und Wertgegenstände in den Pool wirft, nachdem sie erfahren hat, dass sich ihr Mann mit seiner Geliebten eine neue Wohnung ansehen will, und sie mit Maik einige wenige Sätze über das, was ihm wirklich wichtig ist im Leben, gesprochen hat. Zuletzt lässt sie sich mit einem Ölgemälde in das Wasser fallen, in welches ihr Maik auf einem Sessel sitzend folgt.

Die Personenkonstellation

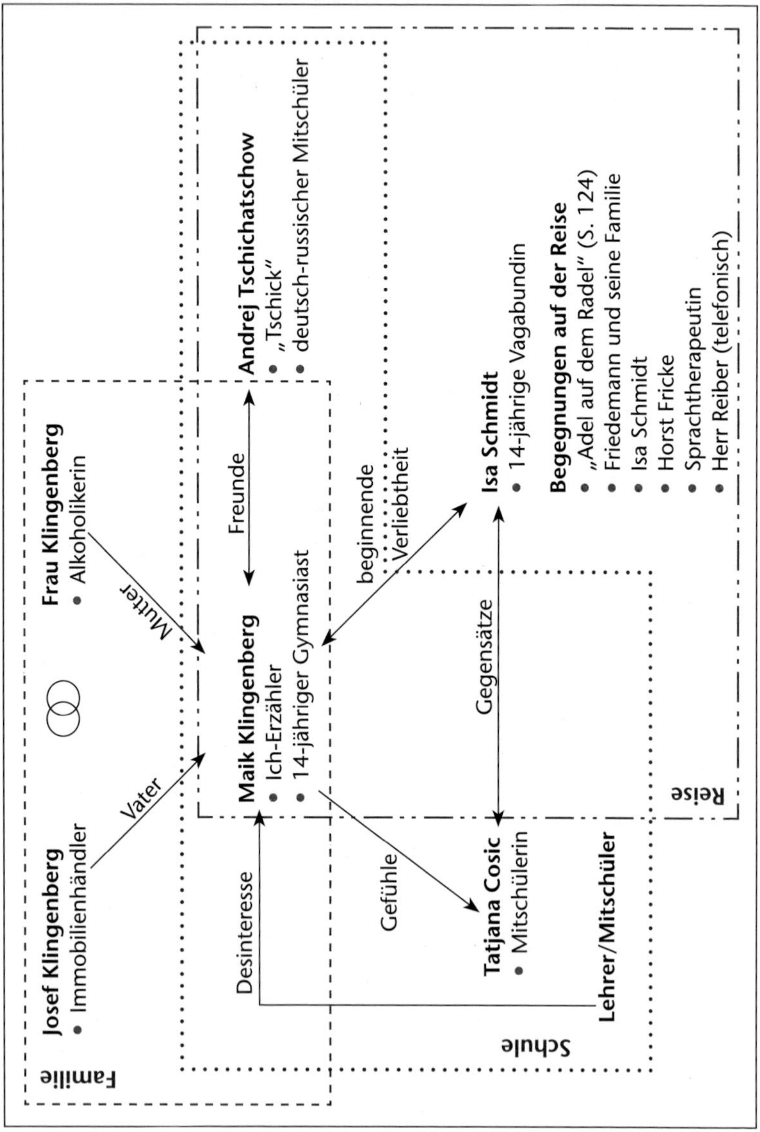

Inhalt, Aufbau und erste Deutungsansätze

Das Motto (S. 5)

Der Film „Welcome to the Dollhouse" als Quelle des Mottos

Dem Jugendroman stellt Wolfgang Herrndorf ein Motto voraus, welches er dem amerikanischen Film „Welcome to the Dollhouse" von Todd Solondz entnommen hat. Bei der bitterbösen Highschool-Satire handelt es sich nach den Angaben des Autors um seinen Lieblingsfilm. Im Mittelpunkt steht die Heranwachsende Dawn Wiener, die mit ihrer dicken Hornbrille und ihrer unmöglichen Kleidung eine Außenseiterin sowohl in der Schule als auch in der Familie ist. Ihre Eltern bevorzugen die „süße" kleine Schwester, während sie für Dawn weitgehend Verachtung übrighaben. In der Schule wird Dawn von allen Seiten verfolgt und gemobbt. Die Hoffnung auf Erlösung, etwa in Form einer eigenen Veränderung oder des Eingreifens eines „Märchenprinzen", erfüllt sich für sie nicht, und so kann sie zuletzt nur darauf hoffen, dass das Leben im Erwachsenenalter besser für sie wird.

Inhaltlicher Kontext: Unverständnis zwischen Jugendlichen und Erwachsenen

Der für das Motto ausgewählte Auszug stellt einen Dialog zwischen Dawn und ihrer Mutter im Schulsekretariat dar. Mitschüler hatten Dawn zuvor in der Aula während eines Vortrags unerbittlich mit Papierkügelchen beschossen. Als diese sich zum Rückschießen entschließt, trifft sie eine Lehrerin ins Auge und verletzt sie schwer. Als Reaktion darauf werden die Eltern in die Schule zitiert. Der Direktor warnt vor Konsequenzen für Dawns weitere Bildungskarriere, indem er damit droht, einen möglichen Collegebesuch zu erschweren. Draußen vor dem Fenster stehen Mitschüler und machen sich über Dawn lustig, und auch ihre Rechtfertigung, sie habe sich nur gewehrt – „I was fighting back" –, lässt die Mutter, die lediglich an der Aufrechterhaltung der Fassade von bürgerlicher Normalität und dem äußeren Schein perfekten Familienglücks interessiert ist, nicht gelten. Statt Verständnis zu haben, spricht sie ihrer Tochter gar das Recht auf Selbstverteidigung ab.

Parallelen zwischen den Hauptfiguren

Gewisse Parallelen zwischen dem amerikanischen Mädchen Dawn und der Hauptfigur des Jugendromans, Maik Klingenberg, drängen sich auf. So führen beide Protagonisten in der Schule eine Außenseiter-Existenz und werden von den tonangebenden Mitschülern gemieden und im Fall des Mädchens schikaniert. Auch im Elternhaus gibt es in beiden Fällen große Probleme: Obwohl Maik als Einzelkind aufwächst, sind seine Eltern viel zu sehr mit den eigenen Problemen beschäftigt, um sich um den Jungen zu kümmern. Dennoch möchten vor allem Maiks Vater, der Immobilienmakler Josef Klingenberg, wie auch Dawns kleinbürgerliche Eltern nach außen hin die Fassade einer heilen Welt und einer intakten Familie aufrechterhalten. Dabei geht es in beiden Fällen mehr um den eigenen Ruf als um das Wohl der Kinder.

Während Dawn sich rebellisch und kampfbereit zeigt, verhält sich Maik eher angepasst. Erst Tschick gelingt es, ihn aus seiner Reserve zu locken und ihn zu einem Auf- und Ausbruchsversuch aus seinem nur schwer erträglichen und demütigenden Alltag zu überreden. Dawn und Maik ist außerdem gemeinsam, dass sie sich in Opposition zur Erwachsenenwelt befinden und diese mit ihrem Verhalten provozieren.

Das Motto als Verständnishilfe für das Verhalten der Jugendlichen

Die Wahl des Mottos legt dem Leser zudem eine Deutung für das unangepasste Verhalten der Jugendlichen nahe: Es handelt sich nicht, wie vielleicht aus Erwachsenenperspektive zu vermuten ist, um sinnlose Provokation, sondern um einen lebensnotwendigen Versuch der Selbstverteidigung in einer Welt, die Ähnlichkeit mit einem „Tollhaus" – so die deutsche Übersetzung des Filmtitels – hat.

Kapitel 1: Auf der Polizeiwache (S. 7 – 11)

Unvermitteltes Einsetzen der Handlung

Die Handlung beginnt völlig unvermittelt mit der Schilderung einer vom Geruch bestimmten Wahrnehmung: Der

Ich-Erzähler nimmt nämlich den Geruch von Blut und Kaffee wahr und gesteht gleich danach, vor Angst in die Hosen uriniert zu haben. Dabei erfährt der Leser anhand seiner eher unzusammenhängend wirkenden Gedanken, dass es sich bei ihm um Maik Klingenberg handelt, einen 14-jährigen Jungen und Schüler der achten Klasse eines Berliner Gymnasiums. Er befindet sich auf einer Polizeiwache und soll dort verhört werden, nachdem er nach einem Vorfall auf der Autobahn mitgenommen worden ist, während sein Begleiter, ein Junge namens Tschick, entkommen ist.

Das Innenleben der Hauptfigur – Gefühle der Verliebtheit, Freundschaft, Abenteuer

Seine Gedanken kreisen neben seiner Scham über seinen Zustand um die Frage, wie er sich nun am besten verhalten solle. Weiter spielt auch ein Mädchen namens Tatjana Cosic bei seinen Reflexionen eine Rolle. Es handelt sich bei ihr um eine Jugendliche, die für den Ich-Erzähler und für das, was er erlebt hat, offensichtlich sehr wichtig ist. Dagegen scheint der Junge namens Tschick eine Art Vorbild für Maik zu sein. Er fragt sich wiederholt, was sein Freund, dem er keine weiteren Schwierigkeiten bereiten will und den er deshalb gegenüber der Polizei nicht erwähnt, an seiner Stelle getan hätte, und versucht, sein eigenes Handeln an dieser Vorstellung auszurichten.

Vage Andeutungen erzeugen Spannung; indirekte Vorstellung der Hauptfiguren

Maik als Antiheld, der sich selbstironisch an den Leser wendet

Die vagen Andeutungen über das vergangene Geschehen haben die Funktion, Spannung beim Leser zu erzeugen, und dienen zugleich der indirekten Vorstellung und Charakterisierung der Hauptfigur. Nicht zuletzt durch einige selbstironische Einwürfe und durch die missliche Lage, in der er sich befindet, wirkt dieser auf den Leser zunächst als ein Antiheld. Maiks Überlegungen werfen mehr Fragen auf, als sie beantworten. Weil er bemerkt, dass seine Ausführungen verwirrend wirken müssen, wendet er sich überraschend direkt an die Leser. Seine Entschuldigung, die er mit den Worten „Ist das unklar, was ich da rede? Ja, tut mir leid" (S. 8) vorbringt, verbindet er mit dem Versprechen, es später noch einmal versuchen zu wollen, und schafft damit in einem kommunikativen Akt eine Nähe zwischen sich und dem Leser.

Authentisches Bild vom Innenleben der Hauptfigur

Sowohl die Sprache als auch die unzusammenhängend wirkenden Gedanken zeichnen ein authentisches Bild vom Innenleben der Hauptfigur. Besonders an den Überlegungen über das richtige Verhalten gegenüber Polizeibeamten wird seine jugendliche Naivität erkennbar, denn seine Gedanken wirken klischeehaft und entstammen ganz offensichtlich einschlägigen Fernsehformaten. Dass er es allerdings vermeiden sollte, seine Sprache und sein Verhalten an Mustern aus dem Fernsehen zu orientieren, erfasst er selbst. Seine erkennbare Angst, sich zu blamieren, kann der Leser als ein weiteres Merkmal eines typisch jugendlichen Lebensgefühls und als ein Unterscheidungskriterium gegenüber der Welt der Erwachsenen erkennen. Dieser gegenüber empfindet er jedoch nicht nur Respekt, sondern beobachtet sie auch mit einer gewissen distanzierten Ironie. So fällt ihm beispielsweise auf, dass es den Beamten nur deshalb nicht gelingt, Kaffee zu kochen, weil der Stecker lose am Gerät hängt, und er beweist damit die für ihn typische kritische Beobachtungsgabe in Bezug auf die Erwachsenenwelt. Durch die Befähigung, die Welt zu beobachten, ist er in besonderer Weise prädestiniert, die Rolle des Erzählers zu übernehmen.

In Opposition zur Erwachsenenwelt

Funktion des ersten Kapitels: Exposition, Spannungsaufbau, Vorausdeutungen

Die Handlung des ersten Kapitels, welches bereits vorgreift auf das Ende der Reise, wird an späterer Stelle wieder aufgegriffen. Damit ist dieses Kapitel Teil eines Rahmens, was erst im Rückblick auf den Gesamttext erkennbar wird, und erfüllt die Funktion einer Exposition[1]. Die Hauptcharaktere werden eingeführt und indirekt einige ihrer Charakterzüge

[1] Eine Exposition bezeichnet im Drama, aber auch in Romanen, die wirkungsvolle Einführung des Zuschauers/Lesers in die Grundstimmung, die Ausgangssituation, die Konflikte, Zustände, die Zeit, den Ort und die Personen eines Werkes.

vorgestellt. Auf die Handlung, die durch den Autobahnunfall beendet worden ist, wird in einer Weise vorausgedeutet, die eine Fragehaltung beim Leser erzeugt und ihn dazu auffordert, sich einerseits in die Gefühlswelt des Jugendlichen hineinzudenken und andererseits auch weiterzulesen, um die entstandenen Verständnislücken zu schließen. Das Kapitel endet mit einer Ohnmacht Maiks, die einsetzt, nachdem er seine Verletzung am Bein bemerkt hat.

Kapitel 2 – 4: Im Krankenhaus (S. 12 – 20)

Im Dämmerzustand – erste Eindrücke im Krankenhaus

Maik wacht aus seiner Ohnmacht an einem anderen Ort auf. Seine Wahrnehmungsfähigkeit ist allerdings stark eingeschränkt und er kann zunächst nur sehen, aber nicht hören. Der Leser empfindet das langsame Wachwerden und den damit verbundenen Erkenntnisprozess Maiks mit, da er durch die Ich-Erzählform einzig aus dessen Perspektive miterlebt, was vor sich geht. Maik schildert auf eine skurrile Art, die sich aus den äußeren Umständen erklärt, einen Streit zwischen dem behandelnden Arzt und einem Polizisten. Aufgrund seiner Erschöpfung und der Beruhigungsmedikamente kann er sich Näheres nicht erklären. Maik dämmert wieder ein. Als er das nächste Mal erwacht, wird er von einem Arzt untersucht und befragt, kann jedoch noch nicht antworten.

Krankenschwester Hanna als positiver Gegenentwurf zu den anderen Erwachsenen

Das nächste Erwachen stellt sich für Maik schon angenehmer dar. Diesmal hat er keine „Würdenträger" wie den Arzt oder die Polizisten um sich, sondern eine Krankenschwester, was ganz offenbar einiges zu seiner Entspannung beiträgt. An seinen Überlegungen über die Unterwäsche der im Krankenhaus arbeitenden Frauen wird deutlich, dass Maik sich in einem Stadium seiner Entwicklung befindet, in dem die erwachende Sexualität eine wichtige Rolle spielt. Die junge Krankenschwester Hanna, die ihn mit Sympathie und Mitleid bedenkt und mit ihm ernsthaft redet, stellt überdies einen positiven Gegenentwurf zu den Erwachsenen dar, die bislang erwähnt worden sind. Anders als jene nimmt sie Maik als Person wahr und ernst und gibt ihm das Gefühl von ungekünstelter menschlicher Nähe.

Rückschlüsse auf Maiks häusliches Umfeld: Vernachlässigung und Gleichgültigkeit

An Maiks Reaktionen gegenüber der fürsorglichen Hanna und an seiner Aussage, er sei gern im Krankenhaus, wird darüber hinaus auch deutlich, dass er Zuwendung von Erwachsenen ebenso benötigt, wie auch vermisst. Der Eindruck, es handele sich möglicherweise um einen vernachlässigten Jugendlichen, wird nicht nur durch das auffällige Fehlen von elterlichem Besuch im Krankenhaus, sondern auch durch die späteren Schilderungen der häuslichen Gegebenheiten bestätigt.

Das Gespräch mit dem Arzt als Paradebeispiel für Kommunikationsschwierigkeiten zwischen Jugendlichen und Erwachsenen

Im Gegensatz zu der ungezwungenen Kommunikation mit der Krankenschwester Hanna steht ein Gespräch Maiks mit dem behandelnden Arzt, das im Folgenden erzählt wird. Zunächst einmal steht einer vertrauensvollen Beziehung der Umstand, dass der Arzt Maik täglich mit demselben klischeehaften Spruch über die Attraktivität einer Narbe bei dem anderen Geschlecht begrüßt, entgegen. Des Weiteren wird ein gegenseitiges Verständnis auch durch die kommunikative Taktik des Älteren erschwert, die – erzählt aus der Perspektive des Jüngeren, der nicht sogleich schaltet und dennoch überaus kritisch zu beobachten vermag – fast schon komödiantisch wirkt: Der Arzt bittet Maik in ein Beratungszimmer zum Gespräch, um eine Vermutung zu bestätigen. Er glaubt, dass die Polizeibeamten den Jungen misshandelt haben und dass dessen Verletzungen daher rühren. Um Maik zum Reden zu bewegen, spricht er erwachsenentypisch in Verschlüsselungen und Andeutungen, die dieser zunächst einmal nicht versteht. Die Komik, die der Leser angesichts des holprigen Dialoges, in dem bei Maik erst sehr spät der Groschen fällt, empfindet, entsteht durch die kritische Entlarvung der umständlichen Gesprächsführung des Arztes einerseits und durch die unbeholfenen Überlegungen Maiks über den Sinn dieser Unterhaltung andererseits. Die rhetorischen, an sich selbst gerichteten Fragen – „Aber was will er denn jetzt wissen? Wie man vom Stuhl fällt? Seitlich runter und dann plumps?" (S. 19) – beweisen die Hilflosigkeit des jungen Dialogpartners, „bei [dem immer] einer auf der Leitung" steht, und verursachen ein Gefühl von „Scheißpeinlichkeit" (ebd.). Als er schließlich erkennt, worin die unausgesprochene Frage besteht, verwendet er den Begriff „Keine *Fremdeinwirkung*" (ebd.), der ihm aus der Fernsehserie „Tatort" bekannt ist, und versucht, sich auf diese Weise der Erwachsenensprache anzunähern, was auf den Leser erheiternd wirkt und zudem Maiks Naivität spiegelt. Das Gespräch wird folglich auch eher abgebrochen als beendet, denn Maik vermag dem Erwachsenen nicht zu erklären, was das Ziel seiner Reise gewesen ist.

Naivität Maiks

Kapitel 5 – 8: Die Vorgeschichte – Maiks Situation in Schule und Familie (S. 21 – 40)

Die nun folgenden Kapitel stellen formal gesehen einen Rückblick auf Maiks Vergangenheit dar und dienen der näheren Vorstellung der Hauptfigur. Dadurch dass Maik erklärt, warum er lange Zeit in der Schule „Psycho" (S. 21) gerufen wurde, werden dem Leser Maiks Außenseiterposition und deren Ursachen verdeutlicht. Erzählt wird eine Episode aus dem Deutschunterricht der sechsten Klasse, die wiederum ein Licht auf die prekären Familienverhältnisse im Hause Klingenberg wirft. Als der Deutschlehrer Herr Schürmann die Klasse vor die Aufgabe stellt, eine „Reizwortgeschichte" zu schreiben, formuliert der Junge einen Aufsatz, in welchem er Erlebnisse in seiner Familie verarbeitet.

Rückblick auf Maiks schulische und familiäre Situation

Indem Maik den Inhalt seines Textes wiedergibt sowie die Reaktionen der Mitschüler und Lehrer schildert, erfährt der Leser auf eine tragisch-komische Weise etwas über seinen familiären Hintergrund. Dabei stellt sich heraus, dass es

Katastrophale Familienverhältnisse im Hause Klingenberg

sich bei Maiks Mutter um eine alkoholabhängige Frau handelt, die regelmäßig wegen ihrer Sucht in Kliniken behandelt werden muss. Die in großen Teilen humorvoll-unbeholfene Art Maiks, von seiner Lebenssituation in der Familie zu erzählen, steht dabei in einem krassen Gegensatz zu dem, was er inhaltlich aussagt. Spätestens als er davon berichtet, wie seine Mutter in besonders heftigen Phasen der Suchterkrankung mit einem Messer bewaffnet im Haus herumläuft, bis ihr von Maiks Vater geheißen wird, einen neuerlichen klinischen Entzug auf sich zu nehmen, wird deutlich, dass Maik unter katastrophalen Lebensbedingungen groß wird, wenngleich er es selbst aufgrund seiner Sympathie zur Mutter nicht so empfindet. Die Schilderung der Therapieversuche in der Klinik aus der Sicht des Heranwachsenden allerdings spiegelt einerseits sein Erstaunen über die dort praktizierten „Methoden", auf eine hintergründige Art aber auch deren Lächerlichkeit und Wirkungslosigkeit. Damit werden einmal mehr Normen und Verhaltensmuster der Erwachsenenwelt durch die Brille jugendlicher Unbefangenheit und Unerfahrenheit dargestellt und entlarvt.

Diskrepanz zwischen Innen- und Außenwahrnehmung und zwischen der Welt der Erwachsenen und der der Jugendlichen

Da allerdings die Erwachsenenwelt und Maiks Welt mit großem gegenseitigen Unverständnis aufeinanderprallen, kommt es zu Problemen. Weil er (noch) nicht Teil dieser Welt ist, ist ihm die Tatsache, dass Themen wie eine Suchterkrankung eines Familienmitglieds gesellschaftlich tabuisiert werden und entsprechend keine geeigneten Aufsatzthemen darstellen, in seiner grenzenlosen kindlichen Naivität nicht bewusst. Deshalb bemerkt er auch nicht, dass es sich bei den lautstarken Reaktionen seitens seiner Mitschüler auf das Verlesen des Aufsatzes nicht etwa um Beifallsbekundungen handelt, sondern um Vorzeichen einer beginnenden sozialen Ausgrenzung infolge seines Andersseins.

Beginnende soziale Ausgrenzung

Während die Spannung zwischen Außen- und Innenwahrnehmung beim Leser nicht nur Entsetzen, sondern angesichts von Maiks Unbeholfenheit auch ein Schmunzeln hervorrufen kann, reagiert der Lehrer auf die unverblümte Offenheit des Jungen mit Unverständnis und Strenge. Er unterbricht ihn und kritisiert sein Verhalten in einem anschließenden Gespräch, ohne ihm jedoch klarmachen zu können, was genau Maik falsch gemacht hat. Stereotyp wiederholt er den Vorwurf, dass Maik in seinem Text die Mutter zum Thema gemacht hat. Weil er sich weder in Maik einfühlen noch seinen eigenen Standpunkt argumentativ vertreten kann, stellt seine Aufforderung, die Seiten aus dem Heft zu reißen, ein Denk- und Redeverbot dar, das mehr die Hilflosigkeit der Erwachsenen dokumentiert, als dass es für Maik eine Hilfe darstellen könnte.

Hintergründige Entlarvung von Normen und Verhaltensmustern der Erwachsenen

Der Rückblick auf diese Episode aus der inzwischen zwei Jahre zurückliegenden Zeit dient erzähltechnisch dazu, Maik als Hauptfigur näher zu charakterisieren und die Voraussetzungen für seine spätere Bereitschaft, aus seiner Welt auszubrechen, zu klären. Vor allem die Tatsache, dass Maik infolge dieser Geschichte in der Schule jahrelang als „Psycho" betitelt wurde, veranschaulicht seine Außenseiterposition dort und beleuchtet daneben auch dessen Ursachen. Maik kommt aus seiner Rolle nämlich auch dann nicht heraus, als seine Mitschüler aufhören, ihn „Psycho" (S. 21) zu nennen. Sie tun dies nur, weil ein neuer Mitschüler namens André Langin – in den Augen Maiks ein Schönling und Angeber – ihn als völlig langweilig bezeichnet und so auch die Wahrnehmung der anderen dahingehend steuert, dass sie ihn in der Folge überhaupt nicht mehr beachten. Sportliche Erfolge – beispielsweise beim Hochsprung – können daran, dass die Aufmerksamkeit insbesondere der Mädchen nur André gilt, nichts ändern. Vorhandenes Wissen – etwa über Botanik – bringt Maik in der Folge nicht mehr in den Unterricht ein, weil er Angst hat, sich damit bei den vor allem auf Vergnügungen fixierten Mitschülern zu blamieren. Auf diese Weise macht er sich förmlich unsichtbar.

Funktion des Rückblicks: Darstellung Maiks als gesellschaftlicher Außenseiter

Maik macht sich unsichtbar

Nimmt man die schulischen Erfahrungen des Heranwachsenden zusammenfassend in den Blick, lässt sich festhalten, dass er im Umgang Heranwachsender untereinander in seiner Rolle als sozialer Außenseiter vor allem Ungerechtigkeit und Gleichgültigkeit erfährt.

Die Hauptfigur Maik Klingenberg

Schule	Familie
zunächst aufgrund eines verräterischen Aufsatzes verschrien als „Psycho", später als „Langweiler"	Aufwachsen im materiellen Reichtum mit sichtbaren Statussymbolen (Pool, Hausangestellte)
heimliche Verliebtheit in Tatjana Cosic, die ihn jedoch nicht beachtet	stagnierende und belastende Familienkonstellation: Vater scheiternder Immobilienhändler, Mutter alkoholkrank, häufiger Streit zwischen beiden
Desinteresse seitens der Mitschüler	Egoismus und Desinteresse der Eltern

- Vorstellung der Hauptfigur als „Looser" und sozialer Außenseiter
- Vermutung des Lesers: Antiheld

Kapitel 9 – 11: Tschick – neuer Mitschüler und Gegenbild zu Maik (S. 41 – 56)

Vorstellung Tschicks – ein russischer „Asi"?

Maiks tristes Leben ändert sich entscheidend, als ein neuer Mitschüler in seine Klasse kommt. Es handelt sich bei ihm um einen deutschstämmigen Jungen aus Russland namens Andrej Tschichatschow, der abkürzend und vereinfachend „Tschick" genannt wird. Mit seinem fremdländisch wirkenden Äußeren – seine Augen sind schmale Schlitze und er hat sehr hohe Wangenknochen – und seinem Akzent hebt er sich deutlich von seinen Mitschülern ab. Weil er zudem in eher heruntergekommener Kleidung und mit einer Aldi-

Tüte anstelle eines Rucksacks zur Schule geht, wird er schnell von ihnen als „Asi" (S. 41) kategorisiert. Zugleich entstehen sehr bald viele, zumeist negative Gerüchte über Tschick, etwa über dessen Beziehung zur Russenmafia sowie über seinen Hang zum Alkoholismus und zum Stehlen, die durch seine Schweigsamkeit noch geschürt und verstärkt werden. Maik reproduziert zunächst die Vorurteile der anderen, in denen sich in problematischer Weise klischeehafte Vorstellungen in Bezug auf die ethnische Gruppe der Russen spiegeln, und lehnt den neuen Mitschüler unreflektiert ab. Die Beziehung zwischen beiden steht damit zunächst einmal unter keinem guten Stern, was in den Lesern insofern eine Fragehaltung auslöst, als Maik unmittelbar zuvor und vorausdeutend dem Ankommen Tschicks eine große Rolle für die Veränderungen in seinem eigenen Leben zugesprochen hat.

Maik reproduziert zunächst die Vorurteile

Die Ablehnung Tschicks seitens der Schüler steht in einem Widerspruch zur Einstellung der Lehrer. Sogar Herr Wagenbach, der als autoritär geltende Geschichtslehrer, betrachtet den Neuen mit einer gewissen Achtung, die offenbar durch dessen erstaunliche Bildungskarriere begründet ist. Der Leser erfährt anhand der durch Wagenbach vorgenommenen Vorstellung Tschicks, dass dieser nach seiner Ankunft aus Russland zunächst auf der Förderschule war und es in einem Zeitraum von nur vier Jahren aufs Gymnasium geschafft hat. Dies lässt darauf schließen, dass es sich bei Tschick durchaus um einen intelligenten und fähigen Jungen handelt, dessen äußerlich unangepasstes Verhalten nicht etwa mit Ignoranz oder Faulheit korrespondiert.

Tschicks Bildungskarriere als Hinweis auf seine verborgenen Fähigkeiten

Die Darstellung des Lehrers durch Maik, der diesen zunächst als „autoritäres Arschloch" (S. 41) diffamiert und anschließend mit dem Kollegen Schürmann, welcher die Klassen nicht im Griff hat, kontrastiert, lässt deutliche Rückschlüsse auf die naive und undifferenzierte Wahrnehmungs- und Urteilsweise Jugendlicher zu. So zeugt beispielsweise

Darstellung der Naivität von Schülern im Hinblick auf vorgefasste Urteile

Vorstellung des neuen Mitschülers Tschick (Sebastian Wendelin) durch Lehrer Wagenbach (Holger Hübner; links Benjamin Paquet als Maik), Staatsschauspiel Dresden

die Geschichte, dass Wagenbach einen Hammer mit sich geführt habe, um Schülerhandys zu „zerkloppen" (ebd.), von der Leichtgläubigkeit Jugendlicher und davon, wie sich Urteile über öffentliche Personen wie Lehrer über Schülergenerationen hinweg verselbstständigen und zu einem bestimmten Ruf verdichten können.

Maiks erwachende selbstständige Urteilsfähigkeit

Maik allerdings beweist bereits die Fähigkeit zu einem differenzierten Denken, wenn er einräumt, dass das allgemeine Urteil in der Schärfe nicht zutreffe und dass Wagenbach immerhin „okayen Unterricht" (ebd.) mache und durchaus nicht dumm sei. Der Deutschlehrer, Herr Kaltwasser, kommt im Urteil Maiks sogar noch besser weg, weil er ihm trotz seiner Undurchschaubarkeit menschliche Qualitäten zutraut. Auch in Bezug auf Tschick wird sich später zeigen, dass Maik durchaus vorgefasste Urteile revidieren kann und zunehmend in der Lage ist, sich ein eigenes Urteil zu bilden. Seine Unsicherheit überwindend, emanzipiert er sich mehr und mehr von dem, was andere denken, und wächst damit über sein altes Ich hinaus.

Tschick selbst äußert sich vor der Klasse überhaupt nicht und schlurft jeden Tag lediglich zu seinem Platz, von wo aus er weitgehend teilnahmslos dem Geschehen beiwohnt. Maik weiß angesichts seiner Vorerfahrungen mit der alkoholkranken Mutter bereits bei der ersten Begegnung, dass Tschick betrunken zum Unterricht erschienen ist. Dieses Verhalten wiederholt sich in der Folgezeit und führt dazu, dass Tschicks Leistungen äußerst schwankend sind und davon abhängen, ob er an den Tagen der Klassenarbeiten getrunken hat oder nicht. Nicht nur die Mitschüler aus der eigenen Klasse, sondern auch die der Oberstufe bemerken sehr schnell, was los ist, und machen sich über Tschick auf dem Parkplatz wiederholt lustig. Nachdem er dies lange Zeit ignoriert hat, schafft es Tschick dann aber, mithilfe weniger, für den Leser unbekannter Worte, sie zum Schweigen zu bringen, und heizt hierdurch die Gerüchteküche über mögliche Beziehungen zur Russenmafia an.

Tschicks Trunkenheit und seine Unangepasstheit in der Schule

Auch eine höchst eigenwillige Interpretation der brechtschen Geschichte „Das Wiedersehen" trägt zu dem Nimbus des Unheimlichen und Undurchschaubaren bei, der Tschick umgibt. Aufgefordert, seine Deutsch-Hausaufgaben vorzutragen, hat Tschick eine Interpretation, wonach es sich bei dem Protagonisten um einen Waffenschieber handelt, der im Anschluss an ein verräterisches Wiedersehen mehrere Morde begeht, in den Raum gestellt. Die kuriose Lösung der Aufgabe steht in einem Kontrast zur „richtige[n] Interpretation, wie sie auch bei Google steht" (S. 55), die von einer anderen Schülerin vorgelesen wird. Der Aufsatz verweist auf Tschicks Originalität, aber auch auf seine Vorliebe für Regelbrüche und stellt zugleich einen Akt der Rebellion gegen die Erwartungen von außen dar, an die sich die meisten anderen Schüler anpassen, womit sie letztlich die soziale Norm bestätigen.

Tschick – Individualist und Schwimmer „gegen den Strom"

Die Lehrer reagieren auf Tschicks schwankende Leistungen und sein Verhalten hilflos bis entsetzt, was erneut darauf hinweist, wie weit die Welt der Erwachsenen von der der Jugendlichen entfernt ist. Erst als Tschick dem Mathelehrer Herrn Strahl volltrunken vor die Füße fällt, wird den Lehrern das Problem bewusst. Außer Ermahnungen gibt es für Tschick keine weiteren Sanktionen mit der Begründung, dass dieser „ein schweres Schicksal" (S. 52) hinter sich habe. Für Maik sind derlei pädagogische Überlegungen nicht nachvollziehbar, sodass er argwöhnt, die Reaktion der Schule habe damit zu tun, dass „nach dem PISA-Test sowieso jeder beweisen wollte, dass auch asige, besoffene Russen auf einem deutschen Gymnasium eine Chance haben" (S. 52). Damit spielt er auf den Befund der genannten Studie, die seit dem Jahr 2000 wiederholt durchgeführt wurde, an, wonach es eine große Bildungsungerechtigkeit in Deutschland gebe. Demnach hänge der Bildungserfolg der Kinder vom sozialen Standort und der Bildung der Eltern ab. Sozial und finanziell benachteiligte Familien hätten kaum eine Chance, dass die Kinder höhere Bildungsabschlüsse erreichten. Maiks Kommentar entlarvt somit ein gewisses Gutmenschentum der Lehrer im Anschluss an und in Reaktion auf die PISA-Ergebnisse, die in gewisser Weise eine Bankrotterklärung des damaligen deutschen Bildungssystems darstellten.

Duldung Tschicks an der Schule – Beitrag zu größerer Bildungsgerechtigkeit?

Kapitel 12 – 14: Der letzte Schultag vor den Sommerferien (S. 57 – 78)

Nicht-Einladung auf Tatjanas Geburtstag – doppelte Demütigung für Maik

Der letzte Schultag vor den Sommerferien beginnt für Maik mit einem Schock: Er, der wie auch viele andere Jungen aus der Klasse heimlich in die Mitschülerin Tatjana Cosic verliebt ist, wird nicht zu ihrem Geburtstag eingeladen. Dies ist für ihn aus gleich mehreren Gründen deprimierend: Zunächst einmal handelt es sich bei der geplanten Feier um ein für die Schüler dieser Jahrgangsstufe gesellschaftliches Großereignis. Tatjana hat nämlich einen Onkel in Werder, welcher ihr sein Haus und seinen Garten für die

Party zur Verfügung gestellt hat, und besitzt somit die Möglichkeit, sehr viele Mitschüler einzuladen. Weil es sich zudem bei Tatjana um ein beliebtes Mädchen handelt, ist eine Einladung gleichbedeutend mit sozialer Anerkennung in der Klasse. Umgekehrt heißt das aber auch, dass die wenigen Personen, die keine Einladung bekommen – in den Worten Maiks die „größten Langweiler und Asis […], Russen, Nazis und Idioten" (S. 60 f.) –, in den Augen der Mehrheit die Außenseiter sind. Neben der Erkenntnis über die Fremdwahrnehmung seiner Person ist auch die Tatsache, dass er ein sehr aufwendiges Geschenk für Tatjana hergestellt hat, Bestandteil von Maiks demütigender Erfahrung. Weil er gar nicht daran gezweifelt hat, eingeladen zu werden, und zudem Tatjana ein besonderes Geschenk machen will, hat er über mehrere Wochen an einem selbst gezeichneten, übergroßen Porträt Beyoncés gearbeitet – und dies, obwohl er diese Popsängerin anfänglich überhaupt nicht gemocht hat und nur um Tatjanas willen angefangen hat, ihre Musik zu hören.

Gerade als Maiks naive Hoffnung, dass es sich um ein Missverständnis handele und er doch noch eingeladen werde, zerschlagen wird, kommt es zu einem Gespräch mit Tschick. Er, der ebenfalls nicht eingeladen wurde, äußert sein Interesse an einem Kauf der Jacke, die Maik trägt, und nimmt damit überraschend Kontakt zu ihm auf. Für diesen hat die Jacke allerdings eine große Bedeutung: Mit dem billig wirkenden Drachenmuster stellt sie ein Symbol für das Gegenteil von dem, als was er sich selbst sieht, dar. Während er sich selbst äußerst hart als „reich, feige, wehrlos" (S. 62) charakterisiert und damit einen gewissen Grad an Selbstverachtung zu erkennen gibt, wirkt die Jacke eher wie die eines „Asis" (S. 62). Der Leser kann an diesen Überlegungen ableiten, dass Maik lieber ein anderer wäre und dass es Tschick – in Maiks Augen das Urbild eines „Asis" – ist, der dieses insgeheim erwünschte Gegenbild verkör-

Maik, der reiche Wehrlose, und Tschick, der arme „Asi" – Gegensätze ziehen sich an

pert. Die beiden Jungen werden hierdurch in ihrer Gegensätzlichkeit, aber auch in dem gezeigt, was sie verbindet – beide sind Außenseiter und wollen aus ihrem derzeitigen Sein ausbrechen.

Abweisendes Verhalten Maiks als Symptom seiner inneren Verletzlichkeit

Das anschließend noch folgende Gespräch zwischen beiden ist geprägt von Missverständnissen und einem sehr ablehnenden Gestus Maiks. Während Tschick nicht nur Maiks Jacke lobt, sondern auch die Tatsache, dass dieser nicht in sein Zeugnis reingeguckt hat, als Coolness interpretiert und damit aufwertet, stößt Maik ihn durch seine abweisenden Erwiderungen verbal vor den Kopf. Nachdem er auf diese Weise Tschick zurückgewiesen hat, kommt er allerdings selbst zu der Erkenntnis, dass die Tendenz, andere ausgerechnet immer dann zu beleidigen, wenn diese freundlich sind, problematisch sei. Der Leser kann hinter dem Auftreten und den Erklärungen Maiks den Schutzmechanismus eines sensiblen Heranwachsenden, der sich aus Angst vor Zurückweisung vor menschlicher Nähe fürchtet, erkennen.

Als Maik schließlich nach Hause kommt, ist bezeichnenderweise niemand da, der ihn in seinem Elend auffangen könnte oder ihm auch nur ein offenes Ohr schenkt. Der Eindruck des Lesers, dass die innerfamiliären Beziehungen durch eine große Lieblosigkeit geprägt sind, wird durch die dann folgenden Schilderungen Maiks über das berufliche und kommunikative Agieren des Vaters noch verstärkt. Dieser hat sich in seiner beruflichen Rolle als Immobilienhändler offenbar verkalkuliert, als er sein Geld und seinen Ehrgeiz in ein Bauprojekt gesteckt hat, welches aufgrund von Einwänden seitens einiger Naturschutzaktivisten nicht realisiert werden konnte. Die ganze Aggressivität und die Menschenverachtung, die Herrn Klingenberg eigen sind, werden besonders durch seine von Maik zunächst unreflektiert übernommene Wortwahl offenbar. Dass der Vater im Zusammenhang mit dem Prozess gegen die Natur-

Herr Klingenberg – ein beruflich gescheiterter, verantwortungsloser und brutaler Mensch

schützer „[j]ahrelang […] immer nur von Scheiße, Wichsern und Faschisten“ (S. 65) gesprochen hat, zeugt einerseits von der Sachlage her von schmerzhaften finanziellen Verlusten, wirft aber andererseits auch ein Licht auf die Unfähigkeit Herrn Klingenbergs, sich das eigene Versagen einzugestehen. Dass er droht, in die Pleite zu gehen, liegt nämlich offenbar nicht allein an dem Widerstand der Naturschützer, sondern an den darauf folgenden eigenen Kurzschlusshandlungen – Herr Klingenberg hat seine Anteile weit unter ihrem Wert verkauft und sich anschließend mit Aktien an der Börse verspekuliert. Der drohende Ruin, den er so gerne sarkastisch auf den irrational anmutenden Schutz von „drei Raupen und einem Grashalm“ (S. 66) schieben möchte, ist in Wahrheit also das Ergebnis des eigenen verantwortungs- und kopflosen Verhaltens.

Die belastete Beziehung zwischen Vater und Sohn

In Ermangelung eines Gesprächspartners gibt Maik seiner Trauer und Enttäuschung durch körperliche Bewegung, Schreien, blinden Aktionismus und schließlich durch ein angedeutetes Zerreißen des Beyoncé-Bildes Ausdruck. Als sein Vater schließlich wieder nach Hause zurückkehrt, kommt es zu einer konfrontativen Auseinandersetzung. Zunächst einmal hat Maik vergessen, dass seine Mutter an diesem Tag die Therapie in der Entzugsklinik beginnt, und wird von seinem Vater dafür mit harten Worten gerügt. Im Anschluss daran offenbart ihm Herr Klingenberg auf eine sehr verlogene Weise, dass er seinen Sohn wegen eines „Geschäftstermin[s]“ (S. 69) zwei Wochen zu Hause allein lassen will. Maik ist sofort klar, dass es sich nur um einen Vorwand handelt, um mit seiner Geliebten Mona ungestört Zeit verbringen zu können. Die Schilderung des Gesprächs aus der Perspektive Maiks lässt auf eine sehr belastete Vater-Sohn-Beziehung schließen. Der Leser erfährt, dass es in der Vergangenheit nur sehr seltene ernsthafte Gespräche zwischen ihnen gab, die besonders für den Sohn unangenehm verlaufen waren. Dabei hat Herr Klingenberg offenbar bereits zuvor schon gelogen oder Vorwände benutzt, um an sein Ziel zu gelangen, ohne dabei auf die Glaubwürdigkeit des Gesagten zu achten. Anders ist es nicht zu erklären, dass Maik damals wegen einer Katzenhaarallergie auch auf alle anderen Haustiere wie z. B. eine Schildkröte verzichten musste und wieso Herr Klingenberg an diesem Tag nicht die geringste Anstrengung unternimmt, um zu verbergen, dass ihn mit seiner Assistentin Mona mehr als nur geschäftliche Beziehungen verbinden. An der Schilderung seines Verhältnisses zum Vater, dessen „Dackelgesicht" (S. 69) Maik anwidert, wird deutlich, dass er aufgrund des unverantwortlichen, impulsiven und egoistischen Verhaltens seines Vaters bereits jeden Respekt vor diesem verloren hat und dass es bereits innerlich zu einem Bruch der nur noch nach außen hin intakt scheinenden bürgerlichen Familie gekommen ist.

Unverantwortliches, impulsives und egoistisches Verhalten des Vaters

Paradoxe Beziehung der Eltern zueinander

Maiks Reflexionen über die Verbindung zwischen seinen Eltern zeugen davon, dass er sich mit diesem Thema sehr intensiv gedanklich befasst hat. Beim Nachdenken über die Frage, wieso sich seine Eltern nicht scheiden lassen, obwohl beide von dem destruktiven Verhalten des jeweils anderen wissen und sich nur noch gegenseitig anschreien, ist ihm klar geworden, dass seine Eltern möglicherweise nur dann glücklich sind, wenn sie unglücklich sind. Die darin liegende Paradoxie, die einem gradlinigen, jugendlichen Denken und Agieren widerspricht, setzt ihm dabei sogar körperlich zu, sodass er sich gegen weitere Versuche, das Denken der Eltern bzw. der Erwachsenen nachvollziehen zu wollen, entscheidet. Der Weggang des Vaters, der noch in Sichtweise des Sohnes Monas Taille umfasst, enttäuscht und entsetzt Maik, der sich insgeheim auch ein wenig Zuwendung von der hübschen Frau wünscht. Er steigert sich in eine Fantasie hinein, in der er ein verkappter CIA-Agent ist, und bricht weinend zusammen.

Maiks Fantasien

Maiks Sensibilität und sein schlechtes Gewissen gegenüber der ausländischen Putzkraft

Als die vietnamesische Putzhilfe der Familie später am Tag eintrifft, hat sich Maik schon wieder einigermaßen gefangen. Allerdings ist ihm ihre Geschäftigkeit unangenehm. Zum jetzigen Zeitpunkt, da seine Eltern nicht da sind und er somit „Herr des Hauses" ist, erscheint ihm die Tatsache, dass eine andere Person die Unordnung und den Schmutz beseitigen soll, als ein Unrecht. Hieran wird die wache Sensibilität eines jungen Menschen, der sich noch nicht an Tatsachen wie etwa die Chancenungleichheit zwischen Menschen unterschiedlicher Herkunft gewöhnt hat, erkennbar. Plötzlich fühlt er sich in Gegenwart der ausländischen Putzkraft „wie Hitler" (S. 75) und spürt den starken Impuls, ihr die Arbeit abzunehmen. Das einsetzende schlechte Gewissen mündet in einen unbeholfenen Versuch, ihr klarzumachen, dass sie die nächsten zwei Wochen nicht zu kommen braucht und dennoch weiter Gehalt bekommt. Dass Maik die ganze Sache „[w]ahnsinnig peinlich" (S. 74) ist, zeugt von einer typisch jugendlichen Verhaltensunsicherheit, die in diesem Fall, dadurch dass er plötzlich und unerwartet in die Rolle eines Erwachsenen gedrängt wird, noch verstärkt wird.

Beginnende Freundschaft zwischen Maik und Tschick

Sogleich nach dem Weggang der Vietnamesin kommt es zu einer Wiederbegegnung mit Tschick. Diesem ist der Reifen seines ohnehin fast schrottreifen Fahrrades geplatzt. Dabei bleibt unklar, ob er ganz bewusst die Nähe Maiks sucht und deshalb in seiner Straße unterwegs ist oder ob es sich um einen Zufall handelt. Trotz seiner äußerlich misslichen Lage scheint Tschick bester Laune zu sein, was sich beim Anblick Maiks noch steigert. Ohne auf dessen zurückhaltenden und eher abweisenden Gestus zu achten, weist er auf das herumliegende Flickzeug und erhält von Maik die Erlaubnis, es zu benutzen. Im Anschluss an die Reparatur schaut er sich ungeniert im Garten um und bewundert lautstark den Pool, sodass Maik schließlich seinen inneren Widerstand aufgibt und sich zu ihm gesellt. Im Gespräch kommen beide auf Tatjanas Party zu sprechen. Während

Tschick sofort angibt, angesichts der vielen tollen eingeladenen Mädchen traurig über seine Nicht-Einladung zu sein, versucht Maik zunächst noch, seine wahren Gefühle zu verbergen. Der Tag endet damit, dass die Jungen zusammen bis spät in die Nacht am Computer spielen.

Kapitel 15 – 18: Die Fahrt zu Tatjanas Party und Sehnsucht nach dem Anderswo (S. 79 – 100)

Am nächsten Morgen erscheint Tschick abermals vor der Haustür der Klingenbergs – dieses Mal allerdings in einem offenbar kurzgeschlossenen Auto. Er trifft Maik in einem Zustand an, der von dem gedanklichen Experimentieren über eine wünschenswerte Existenz geprägt ist. So zeugt seine neuerliche Lektüre der Abenteuererzählung „Seeteufel" (Graf von Luckner) von seiner unbefriedigten Abenteuerlust und von dem Wunsch, dem jungen, unerschrockenen Abenteurer ähnlich zu sein. Der Protagonist, ein 16-Jähriger, der als Pirat im Ersten Weltkrieg reihenweise die Schiffe seiner Feinde versenkt, die Personen jedoch verschont, wirft ein Licht auf Sehnsüchte eines heranwachsenden Jungen, der von anderen nicht wahrgenommen und als „Langweiler" betitelt wird. Es ist die – vielleicht jungentypische – Sehnsucht, dem eigenen Leben Bedeutung zu geben, indem man draufgängerisch agiert, ohne dabei jedoch rücksichtslos und egoistisch zu sein. Daneben spielt sicher auch noch der Wunsch nach Selbstbestimmung (Autonomie) und nach Freiheit eine wichtige Rolle – Graf von Luckner lebt im Gegensatz zu Maik schon im zarten Alter von den Eltern räumlich getrennt und nimmt es im Kampf auf dem Meer auch mit Erwachsenen auf, während Maik zu Hause den Rasen sprengt und seine Eltern draußen die „Abenteuer" erleben. Nichtsdestotrotz erfüllt es ihn mit einer gewissen Genugtuung, dass er nun, als „Graf Koks von der Gasanstalt", der „seine Ländereien" (S. 80) sprengt, allein für das Haus und den Garten verantwortlich ist.

Graf von Luckner als Symbolgestalt für Maiks heimliche Sehnsüchte nach Freiheit und Abenteuer

Dennoch sträubt sich Maik zunächst, als sich ihm in Gestalt einer Rundfahrt mit einem gestohlenen Wagen die Chance auf ein Abenteuer bietet. Tschick, der das Ganze initiiert hat, schafft es jedoch, Maik zum Einsteigen zu überreden. Das Gespräch zwischen den beiden während der Fahrt bewegt sich zwischen Ernsthaftigkeit und Komik. In seiner Panik angesichts des allzu unaufmerksamen und lässigen Fahrstils Tschicks unterläuft Maik der Fehler, Tschick mit „Liebling" (S. 84) anzusprechen, weil er sich in diesem Moment an eine oft von der Mutter verwendete Redewendung während des Autofahrens erinnert hat. Tschick deutet dies als einen Hinweis darauf, dass Maik homosexuell ist, und fragt ihn mehrmals auch ganz offen danach. Noch weiß der Leser nicht, dass Tschick Maik nicht damit aufziehen will, sondern ein ganz persönliches Interesse an der Antwort hegt: Später wird offenbar, dass er selbst homosexuell ist. Da dies für Maik aber nicht abzusehen ist, fühlt er sich von Tschicks penetranter Nachfrage provoziert und will ihm mithilfe des Bildes von Beyoncé beweisen, dass er Gefühle für Mädchen und nicht für Jungen hegt.

Rundfahrt mit einem gestohlenen Wagen und Streit über die sexuelle Orientierung Maiks

Neben den Missverständnissen und den Kommunikationsschwierigkeiten zwischen den beiden Jungen werden jedoch auch die durchaus gute Beobachtungsgabe und ein großes Einfühlungsvermögen Tschicks deutlich. Dieser begründet seinen Verdacht darauf, Maik sei homosexuell, nämlich damit, dass er anders als alle anderen Jungen der Klasse Tatjana nicht beachtet, woraufhin dieser in Gedanken sein nach außen hin desinteressiertes Verhalten mit der Angst davor, sich zu blamieren, begründet. Hier wird nochmals für den Leser ersichtlich, dass sich Maik mit seinem geringen Selbstwertgefühl möglicherweise selbst im Weg steht und durchaus die Chance hätte, aus seiner demütigenden Außenseiterrolle herauszukommen. Als Maik schließlich zum Beweis seiner heterosexuellen Neigungen Tschick die Zeichnung von Beyoncé einschließlich des in-

Maik steht sich mit seinem geringen Selbstwertgefühl selbst im Weg

Einfühlsame Deutung von Maiks (Benjamin Pauquet) Gefühlen durch Tschick (Sebastian Wendelin) – der Beginn einer Jungenfreundschaft, Staatsschauspiel Dresden

Tschicks verborgene innere Größe

zwischen geklebten Risses zeigt, versteht dieser sofort, welche Bewandtnis es damit auf sich hat, und reagiert ausgesprochen einfühlsam. Er kann sofort sehen, dass Maik ernsthaft in Tatjana verliebt ist, und fordert ihn auf, nun nicht einfach aufzugeben. Erstmals ahnt Maik in dieser Situation etwas von der wahren inneren Größe Tschicks und fängt an, sich auf ihn als einen Freund einzulassen.

Maik beginnt, sich auf Tschick einzulassen

Tschick erklärt ihm, wo seiner Meinung nach das Problem liege. Indem er ihm bescheinigt, er mache einfach zu wenig auf sich aufmerksam, sei aber keinesfalls ein Langweiler, macht er ihm Mut zur Veränderung und stößt eine innere Entwicklung an. Er drängt ihn, trotz seiner Nicht-Einladung nach Werder zu fahren und Tatjana mit der Zeichnung zu überraschen. Er bietet zudem an, ihn dort mit dem gestohlenen Lada hinzufahren. Obwohl Maik sich zunächst einmal sträubt, so ist die Party insgeheim doch das Thema, das ihn schon monatelang bewegt hat. Vor dem Haus des Onkels von Tatjana angekommen, bereitet Tschick die Begegnung vor und winkt den vor Aufregung und Angst vor einer Blamage zitternden Maik aus dem Auto. Mit wenigen

„Cooler" Auftritt auf Tatjanas Party

stammelnden Worten überreicht er ihr in Anwesenheit mehrerer Mitschüler die Zeichnung und tritt gemeinsam mit Tschick den Rückzug an. Tschick schafft es schließlich noch, das Auto spektakulär um 180 Grad zu wenden, und erntet dafür die Beachtung der Mitschüler sowie die maßlose Erleichterung Maiks.

Annäherung zwischen den ungleichen Jungen und Sehnsucht nach dem Anderswo

Zu Hause angekommen, spielen die beiden Jungen das Computerkampfspiel „Doom". Tschick, der hierfür kein Talent und darin auch keine Übung hat, schlägt vor, ein paar Tage gemeinsam mit dem gestohlenen Lada wegzufahren. Es entspinnt sich ein Gespräch, das deshalb so komisch wirkt, weil Tschick als Reiseziel die „Walachei" (S. 97) vorschlägt, was Maik lediglich in seiner übertragenen Bedeutung als Synonym für *„janz weit draußen"* (ebd.), nicht aber als Bezeichnung für eine Region in Rumänien kennt. Maiks Unwissen im Hinblick auf andere Existenzweisen als seine eigene zeigt sich auch darin, dass er Tschicks Angaben über seine Herkunft und Familie – er behauptet, unter anderem bestünde die Familie aus „jüdische[n] Zigeuner[n]" (S. 98), Rumänien- und Russlanddeutschen, Russen und Deutschen – nicht glauben kann und beharrlich widerspricht.

Beschreibung von Tschick aus der Sicht Maiks

Tschicks Selbstbeschreibung macht für den Leser vor allem deutlich, dass der Erzähler ihn als den Fremden bzw. den ganz anderen wahrnimmt und konstruiert. Als solcher ist er prädestiniert für seine nun einsetzende Rolle, Maik aus seinem langweiligen, „normalen" Alltag einer bürgerlichen Familie herauszulocken und ihn einzuführen in eine fremde Welt, die zu entdecken für ihn zum Motor seiner Selbstfindung werden wird. Der Leser muss dabei im Hinblick auf die Darstellung Tschicks immer bedenken, dass es Maik ist, aus dessen Sicht er beschrieben ist, und dass sich deshalb ein nur unvollständiges, möglicherweise auch verfälschendes Bild ergibt. Weiter lässt die Angabe, er sei ein „jüdischer Zigeuner" (S. 99) eine Anlehnung an literarische Themen und Motive der Romantik[1] erkennen, in welcher ebendiese Beschreibungen verwendet wurden, um Herumreisen und Abenteuer (assoziiert mit Zigeunern), Fremdheit (assoziiert mit Juden) und den Einbruch des Fantastischen in die Welt des Normalen zu markieren.[2]

Lockruf der Ferne, Loslösung vom Elternhaus

Trotz der offensichtlichen Kommunikationsschwierigkeiten hat Maik das Gefühl, sich noch niemals so gut unterhalten zu haben, was als ein Hinweis darauf, dass ihm selten jemand so intensive Beachtung geschenkt hat, verstanden werden kann. Auch zeigt das Gespräch, dass die beiden Jungen ihren eigenen Gesprächsstil gefunden haben, der weit von den Kommunikationsnormen Erwachsener entfernt ist und vielleicht auch gerade deshalb für beide funktioniert. Nachdem Tschick gegangen ist, erreichen Maik mehrere warnende Mails von seinem nur scheinbar besorgten, eher aber verärgerten Vater. Sie zeugen abermals vom Egoismus des Älteren, der die Situation nur äußerlich unter Kontrolle halten will, den dabei aber die Gefühle seines Sohnes nicht interessieren.

Maiks Entschluss reift

Vor diesem Hintergrund ist es verständlich, dass Maik, als er einsehen muss, dass es die Walachei wirklich gibt, beginnt, sich auf Tschicks Vorschlag einzulassen.

---

[1] Genaueres siehe im Kapitel „Zur literarischen Einordnung – die Frage nach dem Genre“, S. 88ff.

[2] Vgl. Hoge-Benteler, Boris: Metakonstruktion. Zu Möglichkeiten des Umgangs mit problematischen Russland-/Russendarstellungen in der jüngsten deutschen Gegenwartsliteratur am Beispiel von Wolfgang Herrndorfs Roman „Tschick“. In: Kinder-/Jugendliteratur und Medien in Forschung, Schule und Bibliothek, S. 40.

Tschick – der ganz Andere

Beschreibungen	Mögliche Bedeutung
Kennzeichnung als „Mongole" (hohe Wangenknochen, kantige Gesichtsform, schmale Augenschlitze)	Konstruktion Tschicks als eines Fremden, „Andersartigen"
billige Kleidung, Aldi-Tüte statt Rucksack in der Schule	Verweis auf Armut und Außenseitertum, klischeehafte Darstellung der ethnischen Gruppe der Russen
Gerüchte über „Russenmafia" und Beteiligung an Straftaten	Unheimlichkeit, potenzielle Gefährlichkeit und Rätselhaftigkeit, Aura des Unnahbaren und Geheimnisvollen
unbestimmte Herkunft, mehrfache Zugehörigkeitsbeschreibungen	Symbol für Fremdheit, Abenteuer („Zigeuner"), Anlehnung an Topoi aus der Romantik
Homosexualität	Abweichung von dem Gewöhnlichen, Verstärkung des Andersseins

Kapitel 19 – 22: Der Aufbruch zur Reise ins Ungewisse (S. 101 – 115)

Die Reisevorbereitungen verlaufen alles andere als systematisch und organisiert. Die beiden Jungen verabreden sich um vier Uhr in der Nacht und stehlen das Auto, das sie im Anschluss an die Fahrt nach Werder wieder an den Ort zurückgestellt hatten, an dem Tschick es entdeckt hatte, diesmal erneut gemeinsam. Dass sie sich dabei aus Gründen von Nervosität ausgesprochen auffällig verhalten, zeugt von der Diskrepanz zwischen der Sachlage – die beiden begehen eine Straftat – und ihrer jugendlichen Naivität, die mit einer gewissen kindlichen Unschuld einhergeht. Die Unbeholfenheit, die bewirkt, dass die beiden bei der nächtlichen Aktion im „Grunde [mehr auffallen], als [sie] bei Tag aufgefallen wären" (S. 101), ruft beim Leser Belustigung

Maik und Tschick als jugendliche Straftäter

hervor. Gleichwohl darf nicht vergessen werden, dass hier durchaus ernst zu nehmende Aussagen zum Thema Jugenddelinquenz gemacht werden, die eine inhaltliche Auseinandersetzung anstoßen können: In Tschicks Fall mögen seine problematische Vergangenheit, die im Roman lediglich angedeutet wird, die gesellschaftliche Außenseiterposition und die Gettoisierung, in der sowohl er als auch seine Familie leben, sowie sein übersteigerter Alkoholkonsum eine Rolle spielen. Im Fall Maiks sollte das Zusammenspiel zwischen der Gleichgültigkeit seiner Eltern und seinen erlittenen Enttäuschungen in der Schule als Ursache für die Bereitschaft, straffällig zu werden, gesehen werden.

Thema „Jugenddelinquenz“

Die Reisevorbereitungen verlaufen entsprechend der Planlosigkeit und den mangelnden Erfahrungen der beiden Jungen ausgesprochen chaotisch. Zunächst gibt es ein Gezerre darum, welche Gegenstände bei der Reise benötigt werden, wobei in diesem Zusammenhang auch allerlei irrige Vorschläge gemacht werden. Die Vorgabe Tschicks, auf das Mitnehmen der Handys zu verzichten, hat neben praktischen Gründen – sie können so nicht sogleich geortet werden – auch symbolischen Gehalt. Insbesondere für Maik bedeutet das Handy auch eine Verbindung mit seinem Vater, die nun willentlich gekappt wird. Maik befreit sich selbst von dem Zwang, auf scheinbar besorgte Anrufe oder Mails seines Vaters zu reagieren, und bricht damit auf in die Freiheit.

Verzicht auf Handys als Symbol für den Aufbruch in die Freiheit

Während das Motiv des Aufbruchs zu einer Reise ins Ungewisse und gewissermaßen auch ins Erwachsenwerden an Adoleszenz-[1] bzw. „Coming-of-Age“-Jugendromane oder das filmische Genre „Roadmovie“ angenähert ist, wird durch

Ironisches Spiel mit gängigen literarischen und filmischen Schemata

[1] Mit dem Begriff Adoleszenz wird die Entwicklung des Menschen im Zeitraum der späten Kindheit über die Pubertät bis zum vollen Erwachsensein bezeichnet. Diese Lebensphase ist vor allem aufgrund der enormen körperlichen, emotionalen und psychischen Reifungsprozesse so bedeutsam und daher auch oft Thema der wissenschaftlichen oder literarischen Auseinandersetzung.

die Wahl der „Begleitmusik" der dadurch hergestellte Bezug ironisch gebrochen.[1] Wolfgang Herrndorf kommentiert seinen Einfall, dass Tschick und Maik auf ihrer Reise eben nicht rebellische Rockmusik, sondern Klassik hören, folgendermaßen in seinem Internetblog „Arbeit und Struktur":

Endlich schleppt sich die Romanhandlung raus aus Berlin. Der Lada ist fachmännisch kurzgeschlossen, und grad hab ich die Jungs auf die Autobahn gejagt und mich unter den Tisch gelacht über den Einfall, dass sie keine Musik hören können. In Gegenwartsjugendliteratur ist es zwingend notwendig, die Helden identitätsstiftende Musik hören zu lassen, besonders schlimm natürlich, wenn der Autor selbst schon älteres Semester ist, dann trifft es auch gern mal Jimi Hendrix, der neu entdeckt werden muss, und Songtextzitate gehören sowieso als Motto vor jedes Buch. Aber der Lada hat leider nur einen verfilzten Kassettenrekorder. Kassetten besitzen die Jungs logischerweise nicht, und dann finden sie während der Fahrt unter einer Fußmatte die Solid Gold Collection von R. Clayderman[2], und ich weiß auch nicht, warum mich das so wahnsinnig lachen lässt, aber jetzt kacheln sie gerade mit Ballade pour Adeline ihrem ungewissen Schicksal entgegen. Projekt Regression: Wie ich gern gelebt hätte.[3]

Es wird deutlich, dass der Autor Wolfgang Herrndorf ganz bewusst mit bestimmten literarischen und auch filmischen Schemata spielt, aber nicht versucht, seinen Roman einem davon starr anzupassen. Die leise Ironie sowie auch die Überraschungsmomente innerhalb der Handlungsführung bewirken, dass das Folgende niemals vollständig vorher-

---

[1] Genauere Informationen zur Gattung finden sich im Kapitel „Zur literarischen Einordnung – die Frage nach dem Genre", S. 88ff.

[2] Klavierstück des Komponisten Richard Clayderman (geb. 1953)

[3] Herrndorf, Wolfgang: Arbeit und Struktur. Eintrag vom 28.04.2010, Berlin 2013, S. 49

sagbar ist und somit eine gewisse Spannung durchgängig aufrechterhalten bleibt.

Spätestens bei der Schilderung des gewählten Vorgehens – die Jungen verzichten auf Landkarten und lassen die Münze über die Richtung entscheiden – rückt die Wahrscheinlichkeit, dass die Jungen ihr Ziel „Walachei" erreichen, in weite Ferne. Es scheint weniger darum zu gehen, wirklich den Onkel Tschicks zu besuchen. Viel wichtiger sind die Tastversuche in das Erwachsensein und in die Freiheit, die nicht nur die Unbeholfenheit der Jugendlichen zeigen, sondern auch doppelbödig ironisch ausgestaltet sind und auf den Leser daher urkomisch wirken. Besonders belustigend wirken die Experimente Tschicks, mittels schwarzem Klebeband einen Bart zu simulieren und so am Steuer erwachsen auszusehen. Nachdem er nämlich so vergeblich das Aussehen Kevin Kurányis (eines Fußballers) zu imitieren versucht hat, klebt er sich schließlich ein „Hitler-Bärtchen" (vgl. S. 107) aus Isolierband unter die Nase. Die dadurch entstehende Komik, dass ein deutsch-russischer Jugendlicher nun ausgerechnet aussieht wie Hitler, wirkt durch den Kommentar Maiks, dass diese „Verkleidung" deshalb keine politischen Konflikte hervorrufen könne, weil „wir eh in Brandenburg waren" (S. 107), und den hierin enthaltenen Hinweis auf den Neonazismus doppelbödig.

Hintergründige Komik: Tschick mit „Hitler-Bärtchen"

Der chaotische Fahrstil Tschicks bewirkt, dass die beiden nicht nur symbolisch, sondern auch ganz real die normalen, befahrenen Straßen verlassen und schließlich sogar auf einem freien Feld landen. Tschick weigert sich zurückzufahren, und so werden die beiden an Ort und Stelle von einem heftigen Gewitter überrascht. Tschicks Kommentar – er spricht in Anlehnung an einen Hollywood-Science-Fiction-Film, der von der Schlacht zwischen Außerirdischen und der gesamten Menschheit handelt, die mit der Verdunklung des Himmels durch das riesige Mutterschiff der Feinde einhergeht, vom „Independence Day" (S. 111) – hat dabei

„Independence Day" – das Erlebnis eines Gewitters auf freiem Feld als Symbol der Befreiung wiederum symbolischen Hinweischarakter. Denn wie die Amerikaner sich an dem historischen „Independence Day" von der Abhängigkeit von der englischen Kolonialmacht befreiten und die Menschheit von den Aliens im Film, so sind auch die beiden Jugendlichen dabei, sich von ihrer Abhängigkeit von den Eltern zu lösen.

Maiks Fahrversuche als Initiationsritus in die Aktivität und Freiheit

Die dann folgenden Fahrversuche Maiks unter der Anweisung Tschicks können in diesem thematischen Rahmen somit auch als eine Art von Initiationsritus[1] verstanden werden. Während Tschick die Ablösung vom Elternhaus und das eigene Steuern bereits in stärkerem Maße vollzogen hat, befindet sich Maik erst am Anfang dieses Weges. Die Fahrversuche im Lada auf einer abgelegenen Wiese verweisen demnach auf die sich steigernde Aktivität Maiks bei dem ganzen Unternehmen und auf seine beginnende Selbstständigkeit. Die Fähigkeiten im Umgang mit dem Steuern des Wagens, die er dabei erwirbt, werden später, als Tschick aufgrund einer Verletzung nicht mehr fahren kann, noch eine wichtige Rolle spielen, denn Maik muss das Steuer für den Freund übernehmen.

Motiv der Reise – Ausbruch aus der bürgerlichen Normalität, Zeichen für die Phase der Adoleszenz

Das Motiv der Reise ist für das Verständnis des Romans und den Fortgang der Handlung zentral. Der Aufbruch aus der bürgerlichen Normalität, die durch Statik und Fremdbestimmung geprägt ist, stellt die Voraussetzung dafür dar, dass etwas in Bewegung kommt. Gleichzeitig hat die Reise auch symbolischen Charakter, indem sie auf die Phase der Adoleszenz[2] als einer Zeitspanne, in der junge Menschen nach Selbstbestimmung streben und auf dem Weg zu sich selbst sind, verweist.

[1] Als Initiationsritus wird die Einführung eines Außenstehenden (bzw. eines Anwärters) in eine Gemeinschaft oder sein Aufstieg in einen anderen sozialen Status (z. B. der Übergang vom Kind zum Erwachsenen) bezeichnet. Ursprünglich kommt der Begriff aus der archaischen Urzeit, bei dem der Übergang mit bestimmten Riten und Gebräuchen (sogenannte „rites de passage") verbunden war.

[2] Vgl. Fußnote 1 auf S. 40.

Das Reisemotiv und -ziel

Die Reise und ihre symbolische Bedeutung
- Aufbruch aus dem gewohnten Alltag
- Symbol für den Übergang von einer Lebensphase in eine andere
- Hinweis auf die existenzielle Lebensweise des Menschen
- Möglichkeit, prägende und lebensverändernde Erfahrungen zu machen

Das Ziel „Walachei"
- Symbol für das „Anderswo"
- Hinweis auf Fernweh bzw. Sehnsucht nach einem ganz anderen Leben
- Bereitschaft, sich vom Leben treiben zu lassen, wohin es auch führt

Kapitel 23 – 25: Begegnungen auf der Reise (S. 116 – 133)

Begegnung mit Lutz Heckel – potenzielle Gefahr der Enttarnung und des vorzeitigen Endes der Reise

Zurück auf der Straße und damit in der Welt der anderen Menschen, kommt es unweigerlich zu zwischenmenschlichen Begegnungen. Zunächst treffen Maik und Tschick an einer Bäckerei den gemeinsamen Mitschüler Lutz Heckel, den Maik unschmeichelhaft als „die Tonne auf Stelzen" (S. 116) bezeichnet, und dessen Familie. Während sich Maik und Tschick ertappt fühlen und versuchen, die Situation und ihr Hiersein mithilfe einer Lüge von einer gemeinsamen Fahrradtour zu erklären, reagiert der Familienvater eher großzügig als misstrauisch und macht damit, dass er sich weit mehr fürs Essen interessiert als für die Seltsamkeit der Situation, dem neugierigen und für die Ausreißer gefährlichen Nachfragen seines Sohnes ein Ende. Die Episode veranschaulicht die potenzielle Gefahr, erkannt zu werden, und zeugt darüber hinaus davon, wie ungewöhnlich es ist, dass jemand wie Maik, der aus einem wohlhabenden und nach außen hin gut situierten Elternhaus stammt, mit jemandem wie Tschick befreundet ist.

Im Anschluss daran beobachtet Maik einige Rentner, die aus Bussen steigen, um eine sich unmittelbar in der Nähe befindliche Burg zu besichtigen. Der Anblick der gealterten Menschen macht Maik tieftraurig, denn in seinen Augen sehen die beigen „Rentner […], die aus diesen Bussen quollen“ (S. 117), alle gleich unattraktiv aus und wirken, als ob sie sich in jungen Jahren ein solches Dasein niemals erwünscht haben. Die Rentner sind dabei ein Gegenbild zu dem, was Maik erstrebt und was das Ziel seiner beginnenden Selbstfindung ist: Der Heranwachsende ist auf der Suche nach sich selbst und dem, was an ihm unverwechselbar ist, während die Rentner völlig gleich aussehen und daher auf ihn wie bloße Bestandteile einer Masse wirken. Während er selbst gerade erst die Liebe zu unerreichbar scheinenden Mädchen entdeckt, kann er sich von den gealterten Frauen nicht mehr vorstellen, dass jemand sehnsüchtig nur darauf wartet, dass in ihren Zimmern das Licht angeht. Dass Maik das Thema „Vergänglichkeit“ in Gestalt der Rentner so deprimiert, ist ein erster Hinweis auf seine Schwierigkeit, mit dem Tod umzugehen. Auch später zeigt sich, dass seine Gedanken immer wieder zu der Unausweichlichkeit des Todes wandern, was dem an vielen Stellen heiteren Sommerroman einen dunklen, schwermütigen Zug, zugleich aber auch einen gewissen Tiefgang verleiht.

Die „beigen Rentner“ als Hinweis auf Maiks Angst vor der Vergänglichkeit und dem Tod

Ängste vor dem Älterwerden und dem Tod – die „beigen Rentner“, Theaterclub U17, Theater Paderborn

Nachdem Maik und Tschick andere Nummernschilder am Lada angebracht haben, um die Polizei von sich abzulenken, finden sie sich auf einer Wiese unterhalb einer Aussichtsplattform ein. Dort, unter freiem Himmel, wollen sie die Nacht verbringen und genießen die Aussicht auf den Sternenhimmel. Dabei stellen sie sich die Frage nach einer möglichen Existenz anderen Lebens im Weltall. Sie stellen sich – quasi als Parallele zur eigenen Situation und zum eigenen Weltbild – zwei junge außerirdische Insekten vor, die auf einem anderen Planeten als Einzige an die Existenz von Menschen (wie sie in ihren Kinos dargestellt und für eine bloße Fiktion gehalten werden) glauben. Die gemeinsame Vorstellung von der Möglichkeit außerirdischen Lebens verbindet die beiden Jungen noch stärker miteinander und löst bei Maik euphorische Gefühle aus. Diese stellen in gewisser Weise einen Gegenpol zu den Gefühlen, die Altern und Tod bei ihm auslösen, dar: Wo die Rentner an Endlichkeit und Zeit erinnern, symbolisieren die Sterne die Unendlichkeit des Weltraums und die Möglichkeit völlig anderer Lebensformen.

Glaube an außerirdisches Leben als Hoffnungsvision

In seinem Internettagebuch „Arbeit und Struktur" kommt der Autor Wolfgang Herrndorf auf diese Passage in einer Weise zu sprechen, die zeigt, dass sich in der Weltanschauung Maiks durchaus auch ein autobiografisches Moment verbirgt:

Autobiografisches Moment

> Der ungeheure Trost, der darin besteht, über das Weltall zu schreiben. Heute die Szenen mit dem Sternenhimmel, mit Starship Troopers und der Entdeckung der Nacht eingebaut. […] Warum ist der Anblick des Sternenhimmels so beruhigend? Und ich brauche nicht einmal den Anblick. Vorstellung und Beschreibung reichen.[1]

---

[1] Herrndorf, Wolfgang: Arbeit und Struktur. Eintrag vom 11.05.2010, Berlin 2013, S. 55f.

Am Morgen darauf kommt es zu einer merkwürdigen Begegnung mit einer Gruppe von Radfahrern. Es handelt sich nach deren eigenen Aussagen um „Adel auf dem Radel", also um junge Adlige, die von „Gut zu Gut" (S. 124) fahren. Die Jungen können nicht einschätzen, ob dies wirklich zutrifft oder ob sie zum Narren gehalten werden sollen. Als Tschick eines der Mädchen jedoch ironisch auf die Seltsamkeit ihrer Erscheinung aufmerksam macht, schießt diese unerwartet schlagfertig zurück, indem sie die beiden Jungen als „Proleten auf Raketen" (ebd.) betitelt und sie dann links liegen lässt. Die Begegnung der sehr ungleichen Gruppen dient der Kontrastierung der jeweiligen Lebenswelten und löst beim Leser auch durch das Spiel mit Sprache Erheiterung aus.

„Adel auf dem Radel" als Kontrastfolie zu den „Proleten auf Raketen"

Die nächste Begegnung scheint zunächst einmal ähnlich merkwürdig zu verlaufen. Auf der Suche nach etwas Essbarem fragen Maik und Tschick einen seltsam aussehenden Jungen nach dem nächsten Supermarkt. Der Junge, der, wie sich herausstellt, den ungewöhnlichen Namen Friedemann trägt, weist die beiden erschrocken darauf hin, dass seine Familie niemals in dem gewöhnlichen Supermarkt Norma, sondern immer bei Froehlich – augenscheinlich ei-

Anfängliche Vorurteile gegen den seltsamen Jungen Friedemann

Die Familie von Friedemann – „tolle" und „spinnerte Leute", Theaterclub U17, Theater Paderborn

nem Laden mit alternativen oder fair gehandelten Produkten – einkaufen.

Friedemanns Familie als Gegenbild zu den eigenen Erfahrungen von Verwahrlosung und Gleichgültigkeit

Nach einem kurzen, für Tschick und Maik ergebnislos verlaufenden Hin und Her kommt Friedemanns Mutter aus dem Haus und ruft ihren Sohn zum Essen. Als ihr klar wird, dass die beiden Jungen fremd in der Stadt sind und zudem großen Hunger haben, lädt sie sie wie selbstverständlich zum Mittagessen ein. Obwohl ihr Äußeres sehr seltsam und auch eher abschreckend wirkt – sie hat wie ihre Kinder „Froschaugen", ihr Gesicht ist „ausgemergelt, aber auch irgendwie vollfit" (S. 128) und dass sie lächelt, kann Maik nur an dem vielen Zahnfleisch, das sie dann zeigt, erkennen –, entpuppt sich die Mahlzeit als Genuss und die Gastgeberin als eine großzügige, engagierte und freundliche Person. Im ausgesprochen höflichen Umgang Tschicks mit den Familienmitgliedern und in seiner geschliffenen Ausdrucksweise, in der er beispielsweise Friedemanns Mutter als „gnä' Frau" (S. 129) betitelt, wird dabei auf ironische Art mit dem zuvor geäußerten Vorurteil über Tschick, er sei ein gesellschaftlich desintegrierter „Asi", gespielt.

Ganz anders als Maiks Eltern achtet Friedemanns Mutter in ihrer Erziehung auf Rituale wie gemeinsame Mahlzeiten sowie auf die Vermittlung einer soliden Allgemeinbildung. Zur Motivation ihrer Kinder überlegt sie sich beispielsweise Quizfragen zu verschiedenen Themengebieten, deren erfolgreiche Beantwortung sie mit der Verteilung unterschiedlich großer Nachtischschälchen verknüpft. Es zeigt sich, dass ihre Kinder voller Eifer und Begeisterung bei der Sache sind und über einen großen Wissensschatz verfügen. Die beiden Berliner jedoch verfügen im Vergleich zu den sehr viel jüngeren Kindern der Familie kaum über Allgemeinwissen und können sich schließlich glücklich schätzen, dass sie zuletzt eine ausgesprochen leichte Frage gestellt bekommen. Das abschließende Urteil der Gäste zeugt von ihrer Fähigkeit, Vorurteile zu überdenken, denn Maik und Tschick befinden nun, es handle sich zwar um „spinnerte", aber eben auch um „tolle Leute" (S. 134).

Kapitel 26 – 28: Probleme beim Weiterkommen – Flucht, kurzzeitige Trennung und ein leerer Tank (S. 134 – 147)

Flucht vor einem misstrauischen Ordnungshüter und Trennung der beiden Freunde

Nachdem die beiden Jungen den Supermarkt Norma schließlich doch noch gefunden und dort eingekauft haben, werden sie von dem ortsansässigen „Dorfsheriff" (S. 135) bemerkt. Das inzwischen gewachsene Vertrauensverhältnis zwischen den beiden führt dazu, dass Tschick Maiks Warnung trotz Verschlüsselung sofort begreift. Nachdem er verstanden hat, dass es ihnen nicht gelingen wird, den Erwachsenen zu täuschen, flieht er allein mit dem Lada. Maik stiehlt dagegen verwegen das Fahrrad des Polizisten und hängt den ihn zu Fuß verfolgenden Besitzer schließlich mit einiger Mühe ab.

Unwirklichkeit der Landschaft – Rückgriff auf literarische Motive aus der Romantik

Die Beschreibung der Landschaft und der Umgebung während der Suche nach dem Freund mutet unwirklich an, denn Maik entdeckt Schilder in einer ihm unbekannten Sprache auf den Straßen und begegnet einem „Geisteskranke[n]" (S. 140) sowie einem Hausbewohner, der ihm erlaubt, Wasser aus der Leitung im Garten zu trinken. Nachdem dieser wiederholt scheinbar besorgt fragt, ob mit ihm alles in Ordnung sei, bringt Maik ihn mit einer Gegenfrage und einem Hinweis auf die Bandagen an seinen Handgelenken zum Schweigen. Die Unwirklichkeit der Schilderungen verweist einmal mehr auf literarische Vorbilder aus der Romantik, die von dem Aufbrechen des Alltäglichen, „Normalen" durch das Unheimliche zu berichten weiß und damit auf das Vorhandensein von Mächten – auch im Innern des Menschen – hinweist, die sich jeglicher Kontrolle entziehen.

Maik überlegt eine Strategie, mit deren Hilfe es ihm gelingen soll, Tschick wiederzutreffen. Als einzig möglicher

Treffpunkt kommt ihm dabei die Aussichtsplattform in den Sinn, in deren Nähe die Jungen schon einmal einige Zeit verbracht haben. Unter den Holunderbüschen, dem einstigen Nachtlager, findet er jedoch lediglich Müll, von dem er zunächst glaubt, sie hätten ihn vor einigen Tagen dort zurückgelassen. Erst bei näherem Nachdenken wird ihm klar, dass sie alles weggeräumt haben – und richtig, als er zurückgeht, findet er in einer leeren Cola-Flasche zwei Nachrichten von Tschick. Als sich beide schließlich wiederfinden, zeugt Maiks überschwängliche Reaktion von der durchlittenen Angst und der Einsamkeit. Dass beide auf ihre Weise alles darangesetzt haben, dass eine gemeinsame Weiterreise möglich ist, und dass ihre Kommunikation auch unter so schwierigen Bedingungen funktioniert, zeugt von der inzwischen noch gesteigerten Intensität ihrer Freundschaft. Maik erfährt, dass Tschick in der Zwischenzeit den Lada schwarz umgespritzt und neue Kennzeichen besorgt hat.

Emotionales Wiedersehen der Freunde an der Aussichtsplattform

Schon bald stehen die beiden aber vor einem neuen Problem. Als ihnen klar wird, dass der Tank leer ist und sie weder wissen, wie das Tanken funktioniert, noch es aufgrund ihres Alters einfach versuchen können, ohne aufzufallen, offenbart sich dem Leser einmal mehr die Unerfahrenheit und Naivität der Protagonisten. Tschick reagiert zögerlich auf Maiks Vorschlag, einfach ein neues Auto vom Parkplatz zu stehlen. Dieses kann als Hinweis darauf verstanden werden, dass Tschick es nicht gewohnt ist, Gesetze zu brechen, und zuvor gegenüber Maik mit der Darlegung seiner verbrecherischen Fähigkeiten offenbar etwas dick aufgetragen hat. Sie beschließen zuletzt, Maiks Idee, mithilfe eines Schlauches Benzin aus einem anderen Auto zu stehlen, nachzugehen, und machen sich zu Fuß auf die Suche nach dem nötigen Utensil.

Tanken als unüberwindbar scheinendes Problem

Kapitel 29 – 30: Auf der Müllhalde (S. 148 – 159)

Nach einigen frustrierenden Erfahrungen bei der Suche nach einem Schlauch erinnert sich Tschick plötzlich daran, dass sie auf dem Hinweg an einer Müllhalde vorbeigekommen sind. Dorthin brechen die Jungen nun zu Fuß auf. Hungrig, ermüdet und entmutigt hilft ihnen der Verzehr von Brombeeren, die sie auf dem Weg zufällig finden, weiter. Als sie schließlich ihr Ziel erreichen, stellt sich das Areal als riesig und unübersichtlich dar. Maik entdeckt dort ein Fotoalbum mit Bildern einer offenbar glücklichen Familie, was ihn angesichts seiner eigenen familiären Situation traurig stimmt. Zudem verspürt er ein schlechtes Gewissen, allerdings bezeichnenderweise nur gegenüber seiner Mutter. Trotz ihres Alkoholismus ist er mit ihr ganz offenbar in positiver Weise verbunden.

Maiks schlechtes Gewissen

Bei der Suche nach Schläuchen ist ihnen schließlich ein verdrecktes, gleichaltriges Mädchen behilflich, allerdings nicht ohne dass sie sich zuvor mit Tschick, den sie als „Schwachkopf" und „Russenschwuchtel" bezeichnet und von dem sie im Gegenzug als „Fotze" (S. 151) diffamiert wird, einen vulgären verbalen Schlagabtausch geliefert hat. An dem aggressiven Ton, den sie vor allem gegenüber Tschick anschlägt, und an dessen gleichgültigem Widerwillen ihr gegenüber kann man eine Vorausdeutung auf die spätere Entwicklung erkennen. Denn schon bei der ersten Begegnung ist es Maik, der als Sympathieträger zwischen den beiden steht und durch den eine Kommunikation und spätere Beziehung überhaupt erst möglich wird. Mit einem Kanister und einigen Schläuchen ausgestattet, treten Maik und Tschick im Anschluss an einen erneuten Streit mit dem Mädchen den Rückweg zum Parkplatz an der Tankstelle an. Das Mädchen entschließt sich plötzlich, ihnen zu folgen, und fragt sie nach einem beeindruckenden Sprint nach Nahrung. Sie verweisen auf die Brombeeren, hegen aber insgeheim die Hoffnung, sie abzuschütteln.

Unterschiedliche Reaktionen auf ein verdrecktes Mädchen – Maik als Sympathieträger

Diese erfüllt sich zunächst allerdings nicht, denn das Mädchen, von dem der Leser nun auch erfährt, dass es Isa Schmidt heißt, folgt den beiden unbeirrt. Als alle drei den Brombeerstrauch erreichen, essen sie erneut von den Früchten, wobei Isa beginnt, den Song „Survivor" von Beyoncé zu singen – eine Musik, die bereits im Zusammenhang mit Tatjana auf Maiks erwachende Gefühle hingewiesen hat. Während Tschick Isa weiterhin mit offener Ablehnung begegnet, findet Maik insgeheim Gefallen an dem Gesang und offenbar auch an dem ungewöhnlichen Mädchen. Deshalb bedauert er auch, dass Tschick ihr mit dem rüden Hinweis auf ihren Körpergeruch unmissverständlich klarmacht, dass sie sie nicht dabeihaben wollen, und sie schließlich auch aus dem Sichtfeld der beiden verschwindet. Interessanterweise ist es Tschick, der – selbst in der Schule von anderen aus ähnlichen Gründen abgelehnt und ausgrenzt – nun das Mädchen als „asi" (S. 158) abstempelt und dadurch versucht, Isa schlecht dastehen zu lassen. Dabei sind sich Tschick und Isa im Hinblick auf ihr Kommunikationsverhalten – sie sind sehr laut und benutzen gehäuft

Maiks erwachende Gefühle für Isa

Unerwartete Begegnung auf der Müllhalde – Isa Schmidt (Lea Ruckpaul) als außergewöhnliches Mädchen (Sebastian Wendelin als Tschick, Benjamin Pauquet als Maik), Staatsschauspiel Dresden

Schimpfwörter sowie Drohgebärden – durchaus ähnlich, was den eher zurückhaltenden Maik abschreckt.

Später wird klar, dass das Verhalten Tschicks gegenüber Isa auch mit seiner noch geheim gehaltenen Homosexualität im Zusammenhang steht. Gerade weil er die beginnende Sympathie und Anziehung zwischen Isa und Maik bemerkt, bemüht er sich um den Erhalt der Zweierfreundschaft mit Maik. Die Folge jedoch ist, dass Maik Tschick das erste Mal ganz offen für ein bestimmtes Verhalten kritisiert, denn er mahnt an, dass die Beleidigungen über den Geruch unnötig gewesen seien. Daneben beginnt Maik beim Gang durch den nächtlichen Wald und im Hinblick auf seine weiteren Vorhaben auch darüber nachzudenken, dass er im Verbund mit Tschick bereits einige Straftaten begangen hat, und bezeichnet sich selbst in Gedanken als „Verbrecher“ (S. 159). Die Erkenntnis, Grenzen der Legalität überschritten zu haben, bewirkt in ihm ein unheimliches Gefühl, was als Hinweis auf seine Wertvorstellungen, gegen die er mit seinem Verhalten selbst verstößt, gedeutet werden kann.

Beginnende spannungsvolle Dreiecksbeziehung

Kapitel 31 – 34: Die Dreiecksbeziehung zwischen Maik, Tschick und Isa (S. 160 – 177)

Auf dem Parkplatz angekommen, schaffen es Maik und Tschick schließlich nicht, das Benzin mithilfe des Schlauches aus einem anderen Auto zu entwenden. Als Maik schließlich erneut vorschlägt, mithilfe eines Tricks mit einem Tennisball, den Tschick ihm vorher gezeigt hat, ein anderes Auto mit vollem Tank zu entwenden, muss dieser zugeben, Maik zuvor getäuscht zu haben. Der Tennisball sei zum Stehlen des Lada, der ohnehin immer offen gestanden habe, völlig unnötig gewesen. Dem Leser wird klar, dass Tschick sein „Gangstertum“ und seine Kenntnisse über das Knacken von Autos nur vorgetäuscht hat und somit alles andere als ein routinierter jugendlicher Verbrecher ist. Auf dem Höhepunkt ihrer Unbeholfenheit, als Tschick

Unbeholfenheit der Jungen beim Benzinstehlen und Wiedersehen mit Isa sich auch noch in unmittelbarer Nähe zum offenen Tank aus Gründen der „Tarnung“ eine Zigarette anzündet, werden sie lauthals beschimpft, sie seien „Angsthasen“ und außerdem „zum Ficken zu blöd“ (S. 162). Die Jungen sind gleichermaßen empört wie auch erleichtert, als sie erkennen, dass es sich um Isa handelt, die ganz entgegen ihrer verbalen Kratzbürstigkeit den beiden dabei hilft, ihr Vorhaben in die Tat umzusetzen. Dabei stellt sich zum Erstaunen des Lesers und der Jungen heraus, dass Isa nicht nur die Technik des Ansaugens beherrscht, sondern auch erklären kann, weshalb das physikalische Prinzip beim vorherigen Versuch nicht funktioniert hat. Sie erweist sich hier als ein lebenserfahrenes und durchaus intelligentes Mädchen.

Freundschaftliche Annäherung zwischen den Jugendlichen während der Fahrt und beim Baden im See

Aufgrund der geleisteten Hilfe stimmen die beiden Jungen dem Wunsch Isas, sie mitzunehmen, widerwillig zu. Dabei ist auffällig, dass es ihr ebenso wenig darauf anzukommen scheint wie den Jungen, einen konkreten Ort als Reiseziel zu erreichen. Daraus sowie aus ihrem Aussehen und Verhalten kann geschlossen werden, dass es sich auch bei Isa um eine Jugendliche handelt, die in gewisser Weise gesellschaftlich und sozial desintegriert ist. In diesem Sinne be-

Maik (Benjamin Pauquet) zwischen Tschick (Sebastian Wendelin) und Isa (Lea Ruckpaul) – eine spannungsvolle Dreiecksbeziehung, Staatsschauspiel Dresden

sitzt der Handlungsort „Müllhalde" auch eine symbolische Funktion. Auf der Fahrt nähern sich die drei aufgrund der Gesprächigkeit Isas zögerlich einander an. Dennoch bleibt das Problem, dass Isa einen starken Körpergeruch verströmt, so lange als Hindernis für das Erreichen von gegenseitiger Akzeptanz bestehen, bis die drei schließlich einen See entdecken, dort anhalten und Isa von den Jungen ins Wasser geworfen wird. Tschick stößt anschließend auch Maik ins Wasser, bevor er selbst freiwillig hineinspringt. Die drei durchqueren schwimmend den eiskalten See, um an der anderen Seite wieder herausklettern zu können, wobei sie sich nun schon freundschaftlicher als noch zuvor necken. Isa scheint es sogar zu genießen, sich nun waschen zu können, denn sie steigt aus dem Wasser, entkleidet sich und seift sich gründlich ein, was Maik gleichermaßen befremdet wie erregt.

Die schon begonnene Veränderung will Isa nun noch weiterführen, indem sie Maik nach einer Übernachtung unter freiem Himmel an dem See am nächsten Morgen bittet, ihr die verfilzten Haare abzuschneiden. Während Tschick sich auf den Weg macht, um etwas zu essen zu kaufen, schneidet Maik Isa darum mit einer kleinen Schere aus dem Verbandskasten des Autos die Haare. Es handelt sich dabei umso mehr um einen Akt des gegenseitigen Vertrauens und der Intimität, als Isa zu diesem Zweck ihr T-Shirt auszieht. Isas schöner Körper fällt allerdings auch einem alten Mann auf, der am Waldrand steht und sich – sie anblickend – selbst befriedigt. Um ihn zu vertreiben, sammelt sie Steine, rennt auf ihn zu und wirft sie in seine Richtung, bis er sich schließlich zurückzieht. Als sie wiederkommt und sie mit dem Haareschneiden fortfahren, wird deutlich, dass sich Maik zu Isa hingezogen fühlt. Zögerlich macht er ihr ein Kompliment über ihr Aussehen. Das Verhalten Maiks, der im Hinblick auf Paarbeziehungen und Sexualität völlig unerfahren ist, steht in einem auffälligen Kontrast zur Offen-

Zärtlichkeiten zwischen Maik und Isa

heit Isas, die ihn unverblümt fragt, ob er „schon mal gefickt" (S. 171) habe. Maik verneint nicht nur dies, sondern lehnt es auch ab, diese Erfahrung sofort zu machen. Er ahnt, dass eine langsame Annäherung und der Austausch schüchterner Zärtlichkeiten zu diesem Zeitpunkt für ihn richtig sind, worauf Isa einfühlsam und verständnisvoll auch eingeht. Ihr Vorschlag, es erst einmal mit Küssen zu versuchen, wird allerdings durch die Rückkehr Tschicks nicht Realität. An der Begegnung zwischen Isa und Maik wird die erwachende Sexualität des Jungen aufgezeigt, welche für die Suche nach Identität eine wichtige Rolle spielt.

Die Inschriften im Holz einer Berghütte als Anstoß für die Auseinandersetzung mit dem Thema Sterben und Tod

Nach dem Frühstück klettern die drei gemeinsam auf einen nahe gelegenen Berg. Oben bietet sich ihnen ein wunderschönes Panorama, sie sind nicht nur unter sich, sondern finden auch ein Gipfelkreuz und eine Wanderhütte vor. In das Holz dieser Hütte haben zuvor bereits mehrere Menschen Namen oder Initialen eingeritzt, um sich auf diese Weise zu verewigen. Während Maik darüber sinniert, dass der Älteste dieser Personen, ein Mann namens Anselm

Wunsch nach ewig währender Freundschaft – die Bedeutung der Schnitzereien und des Schwures (Benjamin Pauquet als Maik, Lea Ruckpaul als Isa, Sebastian Wendelin als Tschick), Staatsschauspiel Dresden

Wail, schon lange gestorben ist und möglicherweise nichts als dieser Namenszug mehr von ihm übrig ist, beginnt Tschick damit, selbst die Initialen aller drei Freunde und das Jahr ihrer Begegnung zu schnitzen. Maiks melancholische Gedanken über den Tod und die mit ihm unweigerlich einhergehende Bedeutungslosigkeit eines Menschen verweisen auf die Angst des Protagonisten und verleihen dem Roman Tiefe, indem sie auch beim Leser Reflexionsprozesse darüber, was im Leben angesichts von dessen Endlichkeit Bedeutung hat, anstoßen.

Tiefe, aber zerbrechliche Freundschaft mit dem Anspruch auf Ewigkeit

Maik nimmt die von Tschick schließlich vollendete Schnitzerei zum Anlass, seine Ängste und Gedanken zu versprachlichen. Aus dem Wunsch heraus, den schönen Moment und die Erfahrung der Freundschaft zu würdigen und gewissermaßen auch festzuhalten, schlägt er vor, sich in genau 50 Jahren dort auf dem Berg wiederzutreffen. Die Vorstellung, dass die drei dann „mickrige Greise" mit „eigene[n] blöde[n] Autos" (S. 176) sein könnten, erschreckt ihn sehr, was darauf hinweist, dass er die Erwachsenenwelt als künstlich und entfremdet wahrnimmt und sich wünscht, ewig derselbe bleiben zu können, der er jetzt ist. Tschick und Isa stimmen seinem Vorschlag zu und bekräftigen damit, dass auch für sie diese Dreiecks-Freundschaft wichtig und ernst geworden ist.

Maiks Wunsch, ewig derselbe bleiben zu können

Schmerzhafter Abschied von Isa

Wie zerbrechlich diese andererseits auch ist, zeigt sich an dem direkt auf den Abstieg vom Berg folgenden Abschied von Isa. Diese entscheidet spontan und völlig unvermittelt, sich der Gesellschaft eines Reisebusses anzuschließen, weil sie glaubt, sie würde es mit den Jungen „nie" schaffen (S. 176). Den Jungen bleibt ebenso unklar wie dem Leser, was sie eigentlich beabsichtigt. Besonders für Maik jedoch ist der Abschied sehr schmerzhaft, was Tschick auch sofort bemerkt und ironisch, aber auch einfühlsam mit dem Verweis auf dessen „glückliches Händchen mit Frauen" (S. 177) kommentiert.

Kapitel 35 – 37: Verwegene Landschaften und große Gefahren (S. 178 – 192)

Tschick und Maik verlassen mit dem Wagen die Berge und geraten auf einer Landstraße in die Nähe eines Unfalls, bei dem auch die Polizei schon anwesend ist. Aus Angst vor dem Entdeckt-Werden biegt Tschick in einen Feldweg, der weiter zu einer unwirklichen Kraterlandschaft führt. Was Maik so vorkommt, als sei „die Welt zu Ende", weil die Erde „dreißig, vierzig Meter tief" einfach „weggefräst" (S. 179) ist, kann der Leser als ein offenbar stillgelegtes Gelände für den Braunkohletagebau erkennen. Weil die beiden Jungen nicht umkehren wollen, müssen sie mit dem Lada über eine Art Brücke aus Stahlträgern und Holzbohlen, was angesichts der gähnenden Tiefe darunter ausgesprochen gefährlich ist.

Unter Beschuss in einer Geisterstadt

Noch brisanter wird die Situation für die Jungen allerdings, als sie eine Geisterstadt in unmittelbarer Nähe zu dem Gelände entdecken und die verfallenen Häuser erkunden. Sie halten an einem Bretterhaufen an und werden unvermittelt aus einem der Häuser beschossen. Während Tschick sofort auf Flucht setzt, springt Maik aus dem Auto, um eine friedliche Absicht zu bekunden und den Angreifer zu besänftigen. Dieser stellt sich als ein alter Mann heraus, der die Jungen zwar tadelt, dass sie sich „ohne Plan" im „Feld" (S. 184) bewegen, aber dann doch das Schießen einstellt. Den Jungen bleibt nichts anderes übrig, als seiner Einladung auf eine Limo in sein Haus zu folgen, wo sich ein sehr eigentümliches Gespräch entwickelt.

Nachdem er die beiden Heranwachsenden darüber befragt hat, ob sie „denn ein Mädel" (S. 184) hätten, erzählt er von seiner eigenen Jugend und gibt ihnen den Rat, angesichts der Vergänglichkeit die Zeit zu nutzen. Sein vorheriges Verhalten sowie sein militärischer Jargon erklären sich aus seinen Erfahrungen im Zweiten Weltkrieg, die er seinen eigenen Angaben gemäß entgegen seinen eigentlichen kommunistisch geprägten politischen Überzeugungen auf der Seite der Nationalsozialisten gemacht hat. Nachdem er und seine große Liebe namens Else konspirative Tätigkeiten aufseiten der „Widerstandsgruppe Ernst Röhm"[1] (S. 186) ausgeführt hätten, sei Else in einem Konzentrationslager vergast worden, während er selbst in einem Strafbataillon gegen die Russen habe kämpfen müssen. Ohne auf sein Gegenüber Tschick zu achten, rühmt er seine eigenen Schießkünste, die es ihm ermöglicht hätten, „einem Iwan auf 400 Meter ein Auge aus[zu]schießen" (ebd.). Auf die kritische Nachfrage Maiks, der einwendet, dass es sich bei den Russen doch auch um Kommunisten und somit um Gleichgesinnte gehandelt habe, antwortet der Mann, der sich nun als Horst Fricke vorstellt, Moral habe in seiner damaligen

Verworrenes Gespräch mit Horst Fricke über Krieg, Moral, Vergänglichkeit und den Sinn des Lebens

Skurrile Begegnung mit dem in der Vergangenheit lebenden Horst Fricke (Holger Hübner; Benjamin Pauquet als Maik, Sebastian Wendelin als Tschick), Staatsschauspiel Dresden

[1] Der Mann – Horst Fricke – behauptet hier, er sei Mitglied einer Widerstandsgruppe um Ernst Röhm, dem langjährigen Führer der sogenannten „Sturmabteilung" (SA) und überzeugten Nationalsozialisten gewesen. Diesem war von Hitler ein geplanter Putschversuch unterstellt worden, um die Ermordung Röhms und mehrerer NS-Funktionäre als „Säuberungen" zu legitimieren. Frickes politische Ausrichtung bleibt aufgrund der miteinander unvereinbaren Aussagen, gleichzeitig „Ultrakommunist" und Anhänger Ernst Röhms gewesen zu sein, unklar. Möglicherweise deuten seine Äußerungen auf sein Bestreben hin, sich selbst als einen Widerständler darzustellen, der er wahrscheinlich gar nicht war.

Situation keine Rolle gespielt. Das Motto habe „Die oder ich!" (S. 187) gelautet und so habe er getötet. Der alte Mann scheint, während er erzählt, stärker in der Vergangenheit zu leben als im Jetzt, denn er reagiert kaum noch auf Kommentare und kommt auf das Ausgangsthema – die Liebe – auch nicht mehr zu sprechen. Allerdings offenbart er den beiden jungen Leuten noch das nihilistische Fazit seiner bisherigen Lebenserfahrungen: „Alles sinnlos. Auch die Liebe. Carpe diem.[1]" (S. 188) und überreicht ihnen zuletzt ein Fläschchen mit einer Flüssigkeit, die den beiden einmal das Leben retten könne. Obwohl Horst Fricke auf den Leser zunächst einmal zerrüttet und auch nicht voll zurechnungsfähig wirkt, verbirgt sich hinter seiner verrückten Fassade ein im Grunde tragisches Schicksal. Glaubt man seiner Darstellung, so haben die Zwänge der Weltgeschichte ihn zu dem gemacht, der er ist. Dadurch dass er die Sinnlosigkeit des Lebens und die Mühen des Alterns betont und vor diesem Hintergrund die Jungen warnt, sie sollten ihre Chancen jetzt nutzen, kann er auch als Verkörperung von Maiks Ängsten vor dem Altern, der Vergänglichkeit und vor dem Tod gedeutet werden.

Horst Fricke als Verkörperung von Maiks Ängsten

Nachdem die beiden schon wieder losgefahren und das Fläschchen mit der übel riechenden Flüssigkeit entsorgt haben, sehen sie noch, wie ein Polizeiauto vor dem Haus Frickes hält. Eine aussichtslose Flucht ist die Folge, bei der sie die Wahl zwischen dem Sich-Ergeben und dem Herunterfahren eines Steilhangs aus Kies und Geröll haben. Tschick entscheidet sich für die zweite Möglichkeit, und der Lada überschlägt sich mehrere Male und bleibt schließlich auf dem Dach liegen. Die Jungen überstehen dies unverletzt, doch Maik steht zu sehr unter Schock, um wie

Unfall und Begegnung mit einer übergewichtigen, aber hilfsbereiten Frau

---

[1] Das Motto Carpe diem (dt. „Genieße den Tag"/„Pflücke den Tag") ist eine Sentenz des römischen Dichters Horaz (65 – 27 v. Chr.) und fordert den Menschen dazu auf, die knappe Lebenszeit heute zu genießen. Dahinter steht das Bewusstsein der Vergänglichkeit allen Lebens.

Tschick sofort zu versuchen, die Flucht zu Fuß weiterzuführen. Als beide unentschlossen dastehen, kommt eine übergewichtige Frau mit einem Feuerlöscher aus dem Gebüsch, um zur Hilfe zu eilen. Sie befragt die minderjährigen Jungen und als sie von Tschick erfährt, dass diese allein mit einem gestohlenen Auto unterwegs sind, lässt sie vor Schreck den Feuerlöscher fallen. Dieser landet so unglücklich auf Tschicks Fuß, dass der Knochen bricht.

Kapitel 38 – 40: Erfahrungen von Hilfe und Solidarität – Begegnungen mit einer Sprachtherapeutin und einem fremden Mann am Telefon (S. 193 – 210)

Ungewöhnliche Verfolgungsjagd und kostenfreie Sprachtherapie für Tschick

Die Frau mit dem Feuerlöscher stellt sich als ausgesprochen zupackende, pragmatische und solidarische Person heraus. Ohne lange Umschweife erfasst sie, dass Tschick medizinische Hilfe benötigt, und hievt ihn ohne Federlesens in das Auto. Maik, der als Einziger bemerkt, dass sie noch immer von der Polizei verfolgt werden, ist zunächst glücklich überrascht, dass die Frau, die von sich erzählt, sie sei Sprachtherapeutin, unter Missachtung von Verkehrsregeln und Sicherheitsstandards mit 250 Stundenkilometern über die Autobahn rast. Das dann folgende Gespräch zwischen Tschick und der Sprachtherapeutin über ihre berufliche Tätigkeit allerdings bringt Maik an den Rand der Verzweiflung. Sie erklärt Tschick nicht nur, worin ihre Arbeit besteht, sondern lässt gleich auch einige praktische Übungen einfließen, auf die sich Tschick so interessiert einlässt, dass sie nicht nur unbewusst die Geschwindigkeit rapide drosselt, sondern auch unvermittelt das Lenkrad loslässt. Maik versucht vergeblich, die beiden von der Dringlichkeit, schnell ins Krankenhaus zu gelangen, zu überzeugen, und muss daher mit seinem Wissen darum, dass sie verfolgt werden, und seinem Unverständnis für die ihm absurd scheinende Kommunikation allein zurechtkommen.

Intensive Gespräche mit der Sprachtherapeutin, Behandlung und kurzer Aufenthalt im Krankenhaus sowie Fluchtplan

Trotz der misslichen Lage, die die Insassen des Autos mit Ausnahme von Maik nicht einmal bemerkt haben, kommen sie schließlich an einem Krankenhaus an. Die Sprachtherapeutin sichert Tschick, der zugibt, nicht krankenversichert zu sein, zu, die Kosten für die Behandlung zu übernehmen. Maik aber nutzt einen anderen Trick: Er gibt die Daten eines verhassten Mitschülers namens André Langin an, an den schließlich die Rechnung geschickt wird, weil er privat versichert ist. Während der Stunden, in der sie auf eine Behandlung warten, bleibt die Sprachtherapeutin, die sich als jemand herausstellt, der im Herzen jung geblieben ist, Humor hat und wunderbar zuhören kann, eine sehr lange Zeit über bei den Jungen. Kurz vor Mitternacht dann verabschiedet sie sich, nicht ohne ihnen zuvor noch Geld für eine Rückfahrkarte mit der Bahn gegeben zu haben und sie mit einem sehr seltsamen Abschiedsgruß – „Ihr seht aus wie Kartoffeln" (S. 201) – zu bedenken, der Maik auch noch in der Erinnerung auflachen lässt. Tschicks Fuß, der als gebrochen diagnostiziert wird, wird in Gips gelegt. Als die beiden sich schließlich in einem Krankenhauszimmer wiederfinden, ist ihnen sehr elend. Sie befürchten, ihre Reise sei nun unweigerlich vorbei, bis sie jedoch durch einen Blick aus dem Fenster in der Ferne erkennen können, dass sich der vermeintlich defekte Lada noch auf dem Standstreifen der Autobahn in unmittelbarer Nähe zum Krankenhaus befindet. Ein hereinkommender, völlig übermüdeter Arzt mit einem seltsamen Sinn für schwarzen Humor unterbricht ihre Überlegungen kurz mit der Darstellung der genauen Diagnose und Therapie und einer Scherzfrage, was die beiden allerdings nicht von ihrem gerade erst gefassten Entschluss, zum Lada zurückzukehren, abbringt.

Aufgrund von Maiks Lüge gegenüber einer Krankenschwester, die beiden seien zu Besuch bei einer Tante, besteht diese kurzerhand darauf, dass er diese Tante anrufe, um sich von ihr abholen zu lassen. Blindlings wählt Maik, um nicht aufzufallen, mitten in der Nacht irgendeine Nummer, während die Krankenschwester in unmittelbarer Nähe stehen bleibt. Zu seinem Erschrecken meldet sich tatsächlich ein Mann, der zunächst glaubt, es habe sich jemand verwählt, dann aber ausgesprochen geistesgegenwärtig erfasst, dass am anderen Ende ein Junge unter Beobachtung steht und offenbar Schwierigkeiten hat. Statt so zu reagieren, wie es sich Maik von einem Erwachsenen und Fremden vorstellt – nämlich die beiden Herumtreiber zu enttarnen –, spielt er das von Maik initiierte Spiel mit. Dass der Fremde, den er mitten in der Nacht aus dem Schlaf gerissen hat, nicht nur tolerant reagiert, sondern sogar auch noch seine Hilfe anbietet, versetzt Maik, der mit einem grundpessimistischen und misstrauischen Menschenbild, vermittelt durch seinen Vater, die Schule und die Medien, groß geworden ist, in Erstaunen. Er bilanziert, dass die Freundlichkeit der Menschen und der Welt, die er auf der Reise erfahren durfte, in völligem Kontrast zu der Welt, wie er sie von bloßem Hörensagen her kannte, steht, und zeigt damit gewissermaßen einen wichtigen Lernprozess auf, den er durchlaufen hat. Seine Reiseerfahrungen haben ihn in einer Weise reifen lassen, die ihn nun zur Revision von Vorurteilen und zum Fällen eigener Urteile befähigt.

Maiks Lernprozess und sein verändertes Welt- und Menschenbild

Kapitel 41 – 42: Intensives Erleben von Freiheit und Freundschaft (S. 211 – 220)

Die beiden Jungen verlassen unter großer Missbilligung der Krankenschwester, von der sie glauben, dass sie sie auch noch aus dem Fenster weiterbeobachtet, das Krankenhaus. Schließlich erreichen sie, obwohl Tschicks Krücken auf einem Acker stecken geblieben sind und er sich nun an Maiks Schulter abstützen muss, den Lada. Obwohl es darin verwüstet aussieht, stellt sich heraus, dass der Wagen fahrtauglich ist, allerdings kommt es wegen des Gipsfußes für Tschick nicht mehr infrage, am Steuer zu sitzen.

Tschicks Idee, die Rollen beim Fahren zu tauschen

Er versucht deshalb, Maik zu einem Rollenwechsel zu überreden.

Tschicks einfühlsamer Zuspruch

Maik wird jedoch von Selbstzweifeln übermannt, sodass er sich außerstande fühlt, den Wagen auf einer Autobahn zu fahren. Er begründet gegenüber Tschick seine Weigerung mit seinem Selbstbild, wonach er ein Langweiler und ein Feigling sei. Tschick widerspricht energisch, offen und zugleich sehr einfühlsam, indem er betont, er habe noch nie eine solch aufregende und tolle Woche in seinem Leben verbracht und von Langeweile könne keine Rede sein. Dass die Mädchen Maik nicht mögen, liege seiner Ansicht nach eher in dessen betontem Desinteresse ihnen gegenüber begründet als an seiner Person, was sich auch an Isas unmittelbarem Interesse zeige. Überraschenderweise stellt er dabei Isa, die im Vergleich zu Tatjana „ein paar Eigenschaften" (S. 213) habe und nicht doof sei, ausgesprochen positiv dar. In diesem Zusammenhang verrät er Maik sein größtes Geheimnis: Seine Fähigkeit zum objektiven Urteil über Mädchen liege darin begründet, dass er sich selbst nicht für sie interessiere. Durch dieses „Coming-out" wird dem Leser rückwirkend klar, warum sich Tschick in der Vergangenheit besonders gegenüber Isa in einer bestimmten Weise verhalten hat. Wiederum sehr sanft und einfühlsam sichert er dabei Maik zu, er sei nicht an ihm interessiert, weil er um dessen Heterosexualität wisse, bevor er in ein vielsagendes Schweigen fällt. Das berührende Gespräch zwischen den Jungen verweist auf die Innigkeit und Offenheit der Freundschaft, die immerhin erst wenige Tage alt ist, und zeigt, wie viel Vertrauen sie inzwischen zueinander gefasst haben. Zugleich wird hier die erwachende Sexualität Tschicks aufgezeigt, welche dazu beiträgt, dass dieser einmal mehr als Fremder, von der Norm Abweichender dargestellt wird.

Vertrautes Gespräch über Bilder und Wahrheiten

Maik reagiert gelassen und mitfühlend. Zwar ändert Tschicks Offenbarung nichts an seiner sexuellen Orientierung, sosehr er sich dies in einem kurzen Moment auch wünscht, wohl aber ändert sich Maiks Haltung zu sich selbst. Weil er spürt, wie wenig beide in diesem Moment bereit sind, ein Ende der Reise, die ihnen beiden so guttut und sie einander nähergebracht hat, zu akzeptieren, lässt er sich nun doch auf Tschicks Vorschlag von einem Rollentausch ein. Sie steuern auf die Autobahn, indem Maik lenkt und die Pedale tritt, während Tschick das Schalten übernimmt. In gewohnter Weise erklingt neuerlich „Ballade pour Adeline"[1], was in Maik ein euphorisches Gefühl von Freiheit, Unbesiegbarkeit und Ewigkeit hervorruft. Dieser erinnert sich dann, als beide eine kurze Rast einlegen, an eine Nacht als Kind, in der er aus lauter Angst vor einem auf die Kinder schimpfenden Rentner allein durch ein Berliner Viertel gelaufen ist. Damals hat er zwei weinende Frauen vor einem chinesischen Restaurant beobachtet und sich deshalb seltsam gefühlt. Eine Passage aus Herrndorfs Internettagebuch weist darauf hin, dass der Autor hier eine eigene Erinnerung einflicht und dass diese Erfahrung Maiks somit autobiografische Züge hat.

Maiks euphorische und melancholische Gefühle als Fahrer

Wie der Held sich erinnert, mit acht Jahren in der Dunkelheit durch den Hogenkamp gejoggt zu sein, die einzige wirklich autobiografische Stelle.[2]

Offenbar war es Herrndorf wichtig, hier eine bestimmte Gemütsverfassung darzustellen, die das Besondere jener Nacht, die seine fiktive Figur erlebt, spiegelt. Dabei ist in Maik das vorher bestimmende Gefühl von Euphorie kurzzeitig einer sehr nachdenklichen, melancholischen Stimmung, die in ebensolcher Weise von Intensität und Tiefe zeugt, gewichen.

---

[1] Vgl. Fußnote 2 auf S. 41.

[2] Herrndorf, Wolfgang: Arbeit und Struktur. Eintrag vom 11.05.2010, Berlin 2013, S. 55

Kapitel 43 – 44: Der Unfall (S. 221 – 226)

Missglücktes Überholmanöver

Auf der Autobahn kommt es zu einer unvorhergesehenen Situation. Ein Lkw, der sich unmittelbar vor dem Lada befindet, verhindert durch seine langsame, gleichsam aber unkoordinierte Fahrweise einen regulären Überholvorgang. Tschick und Maik entscheiden sich, den Lada zunächst zurückfallen zu lassen, um dann überraschend vorbeizuziehen. Tschick bemerkt im letzten Augenblick jedoch, dass der Laster im Begriff ist, seitwärts auf die Autobahn zu schleudern und sich somit in eine „Schranke" zu verwandeln, und schreit Maik an, er solle bremsen. Im vollen Vertrauen auf den Freund reagiert Maik prompt, ohne eigentlich den Sinn dieser Aufforderung zu verstehen.

Das Ende der Fahrt: Aufprall, Schock und Trennung der Freunde

Als er bemerkt, in welch lebensgefährlicher Situation sie sich gerade befinden, gehen Maik einige bedauernde, zugleich aber auch tröstliche Gedanken an Tatjana, seine Eltern, an Tschick und an den Tod selbst durch den Kopf, bevor der Lada auf die Räder des inzwischen seitwärts umgestürzten Lkw aufprallt. Der Leser folgt den Wahrnehmungen Maiks, welcher jeweils nur Details aufnimmt, bevor das ganze Ausmaß des Unfallhergangs erfasst werden kann. Dabei wird zunächst deutlich, dass beide Jungen überlebt haben. Die Geräusche, die Maik als Applaus und Johlen eines Publikums interpretiert, stellen sich erst später als Schmerzens- und Entsetzenslaute von Schweinen, die auf dem Lkw transportiert worden sind, heraus.

Dass sich Maik im Schockzustand befindet, kann der Leser neben dieser verzerrten Wahrnehmung auch daran erkennen, dass er sich an einer auf dem Lada angebrachten Antenne festklammert, bis ihn ein hinzugekommener Autobahnpolizist auffordert, mitzukommen. Es kommt schließlich zu einer Trennung der beiden Jungen, weil Tschick trotz seines Gipsfußes einen Fluchtversuch unternommen hat, während Maiks Geschichte nun mit den Episoden weitergeht, die bereits zu Beginn des Romans in einer Art Rah-

Fortführung der Handlung des Romanbeginns

menhandlung von ihm erzählt wurden. Die offenen Fragen, die sich dem Leser anfangs gestellt haben – etwa nach der Ursache für Maiks Aufenthalt auf der Polizeistation und seiner Verletzung –, sind nun geklärt. Formal bedeutet dies, dass die Binnenhandlung abgeschlossen ist und erzählerisch an der Rahmenhandlung ansetzt, die nun weitergeführt wird.

Abschluss der Binnenhandlung, Anknüpfung an Rahmenhandlung

Kapitel 45 – 46: Die Reaktion der Eltern und die Gerichtsverhandlung (S. 227 – 236)

Manipulierungsversuche und Gewaltanwendung seitens des Vaters

Im Folgenden wird ein Geschehen erzählt, das sich vier Wochen nach dem Unfall und der Trennung der Freunde ereignet. Maik ist inzwischen wieder im Haus seiner Eltern, die mit ihm über die bevorstehende Gerichtsverhandlung sprechen. An ihren Reaktionen werden erneut ihr Egoismus und ihre Verantwortungslosigkeit dem Sohn gegenüber deutlich, denn während die Mutter bereits wieder volltrunken und somit weitgehend handlungsunfähig ist, wird der Vater aggressiv. Er versucht, Maik dahingehend zu manipulieren, dass dieser alle Schuld für die mit Tschick gemeinsam begangenen Straftaten auf den „asige[n] Russenfreund" (S. 228) schiebt, um eine Einstellung des Strafverfahrens zu bewirken und die zu erwartende Schädigung des Ansehens der Familie Klingenberg auf ein Minimum zu begrenzen. An dem von ihm verwendeten Vokabular und an seiner Gewaltbereitschaft wird deutlich, dass er sich argumentativ gegen den eigenen Sohn nicht durchsetzen kann. Darüber hinaus zeigt sich seine Tendenz zum polarisierenden Denken und zur Überhöhung seiner eigenen Position auch in seiner Interpretation der familiären Verhältnisse: Während er von sich selbst glaubt, er habe seinem Sohn aufgrund des materiellen Wohlstandes „ein Elternhaus […] mit den besten Möglichkeiten" (S. 230) geboten, sei Tschick in seiner „Sieben-Quadratmeter-Scheiße" an dem Platz, „wo er auch hingehört" (S. 229). Durch seine

Sprechweise entlarvt sich der Vater selbst als ein Misanthrop (Menschenverachter). Außerdem offenbart seine Denkweise einerseits seinen Dünkel wie auch die Blindheit sich selbst gegenüber und andererseits seinen menschenverachtenden Rassismus sowie sein Klassendenken. Weiterhin bemerken weder Vater noch Mutter, welche Veränderung mit Maik durch seine Reise vorgegangen ist, denn beide behandeln ihn, obwohl er inzwischen Erfahrungen der Autonomie und des Erwachsenseins gemacht hat, noch immer wie einen Unmündigen.

Maiks Verantwortungsbewusstsein als Zeichen seiner inneren Reife

Angesichts der zu erwartenden massiven Gewalt, die Maik schon beim kleinsten Widerspruch gegen den Vater zu erwarten hat und sofort in Form von Ohrfeigen zu spüren bekommt, erscheint seine Haltung umso erstaunlicher und zeugt von seiner Reifung. Dass er gemeinsam mit Tschick „Scheiße gebaut" (S. 228) hat, erkennt er an, wobei er das damit einhergehende Reue- und Schuldgefühl vorspielt, „um die Sache abzukürzen" (ebd.). Er wehrt sich aber gegen jede Darstellung, die nicht den Tatsachen entspricht. Dies geschieht einerseits, weil er Tschick nicht fälschlicherweise als Alleinschuldigen dastehen lassen will, und andererseits, weil er ahnt, dass er den Richter nicht täuschen kann. Dabei wagt er es sogar, dem Vater einen Spiegel seines sozialen und beruflichen Versagens vorzuhalten, und erntet dadurch Schläge und Tritte. Der Leser kann die Bereitschaft Maiks, für die Freundschaft und Wahrheit auch dann einzutreten, wenn es den Bruch mit einem bequemen Leben und dem Vater bedeutet und auch körperlich erfahrbares Leiden nach sich zieht, nur bewundern. Maik ist durch die Zeit, in welcher er aus seinem Alltag ausgebrochen ist und lebenswichtige und -praktische Erfahrungen machen konnte, deutlich als Person gereift. Anders als seine Eltern zeigt sich sein inneres „Erwachsensein" daran, dass er willens ist, Verantwortung für Freunde und für die eigenen Taten zu übernehmen. Dadurch erweist er sich sogar seinem Vater gegenüber als der Überlegene. Die Rückkehr in die Alltagswelt erscheint dabei nicht zuletzt auch darum als schwierig bis unmöglich, weil ein veränderter Maik in eine Umgebung und zu Menschen zurückkehrt, die sich nicht entwickelt haben und gleich geblieben sind. Ein bloßes Wiederaufnehmen alter Verhaltensmuster würde der Situation nicht gerecht werden.

Unmöglichkeit, alte Verhaltensmuster wieder aufzunehmen

Auf der Reise und zu Hause – verschiedene Welten

zu Hause (Rahmenhandlung)	**Die Reise (Binnenhandlung)**
bürgerliche Normalität	Fremdheit
Umgebung: „normale" Menschen	Umgebung: „verrückte" Menschen
Augenmerk auf die Fremdeinschätzung, das Bild der anderen	Augenmerk auf die Selbsteinschätzung, die Ich-Findung
festgelegte soziale Rollen, Statik	Veränderung der Rollen, innere Wandlungsprozesse, Dynamik
Dominanz der Erwachsenen	Dominanz der Heranwachsenden
Anpassung	Rebellion

Die ersten Eindrücke, die Maik vom Gericht schildert, zeugen ganz im Gegensatz zu seiner erworbenen inneren Reife wiederum von seiner jugendlichen Naivität. Er meint, der Richter sitze „hinter seiner Theke" und die Protokollantin surfe „die ganze Zeit im Internet", während der Staatsanwalt einen „schwarzen Poncho" (S. 232) trage. Die Verhandlung selbst wirkt auf ihn dann aber alles andere als lächerlich. Der Richter stellt sich als äußerst souveräne, erfahrene und auch moralisch integre Person heraus, auf deren Urteil Maik darum mit großer Akzeptanz reagiert.

Diskrepanz zwischen den äußeren und inneren Eindrücken bei Gericht

Lückenhafte und zum Teil verfälschende Rekonstruktion von Tathergang und Motivationen

Im Mittelpunkt der Verhandlung steht eine genaue Klärung des Tathergangs sowie der Ursachen. In beiden Fällen bleiben einige Verständnislücken und verfälschende Eindrücke bestehen, sodass der Leser sich ein differenzierteres Urteil bilden kann als die mit dem Prozess Betrauten. Einerseits kann Maik nicht adäquat in Worte fassen, dass durchaus ernsthafte Motive wie z. B. der Wunsch danach, sich selbst zu finden und zu beweisen, eine Rolle gespielt haben, und bejaht deshalb den dagegen zu flach wirkenden Erklärungsversuch des Richters, die beiden hätten „Fun" (S. 233) haben wollen. Andererseits verschweigen sowohl Maik als auch Tschick unabhängig voneinander die Rolle der Sprachtherapeutin in der Geschichte, weil sie diese schützen wollen, und beweisen damit Solidarität und Reife.

Gegenseitige Entlastungsversuche als Zeichen der Freundschaft

In ebensolcher Weise versuchen die beiden Jungen, trotz eines Tschick einseitig beschuldigenden Einwurfs Herrn Klingenbergs, sich gegenseitig zu entlasten. Tschick handelt dabei in völlig gegensätzlicher Weise wie von Herrn Klingenberg vorausgesagt, denn während dieser entsprechend seinem negativen Welt- und Menschenbild von einer Taktik ausgegangen ist, sich zu entlasten und den anderen zu beschuldigen, versucht Tschick, die Verantwortung Maiks zu leugnen, und belastet sich selbst damit. Hieran bestätigt sich die Richtigkeit von Maiks nunmehr optimistischem Welt- und Menschenbild und dass zwischen den beiden Jungen eine tragfähige und wertebasierte Freundschaft gewachsen ist.

Überraschend mildes Urteil auf der Grundlage der vernichtenden Aussagen über die jeweiligen Familienverhältnisse

Das Urteil, das schließlich gefällt wird und relativ milde ausfällt, basiert vor allem auf den Gutachten über das unmittelbare Umfeld der beiden Jungen. Ganz entgegen der Erwartungen von Herrn Klingenberg äußert sich der Sachverständige vom Jugendamt in Gegenwart der Betroffenen dahingehend, dass in beiden Fällen die Familien der Jungen – in Maiks Worten – „so eine Art asozialer Scheiße" (S. 236) seien, was sich letztendlich strafmildernd auswirkt.

Diese Analyse bedeutet einen klaren Denkzettel für Herrn Klingenberg, der verkannt hat, dass Verwahrlosung und Vernachlässigung nicht an die finanziellen Verhältnisse in einem Familiensystem gebunden sind. Ein gutes Elternhaus, so legt es Maiks Geschichte nahe, ist durch Reichtum allein nicht zu gewährleisten.

Richter Burgmüller als positive Figur aus der Welt der Erwachsenen

Während Tschick nun für eine längere Zeit in einem Jugendheim untergebracht wird, wo er bereits seit dem Unfall wohnt, ist Maik aufgefordert, Sozialleistungen zu erbringen. Mit diesem Urteil beweist der Richter seine Menschenkenntnis, denn er bemüht sich in erster Linie um Erziehung und nicht um Bestrafung. Weil er dies spürt, kann Maik die Ermahnungen des Richters Burgmüller annehmen und akzeptieren. Anders als allen anderen Erwachsenen gelingt es ihm, den Jungen zu verdeutlichen, dass es hier „am Ende um Leben und Tod" (S. 236) geht, womit er ihnen den Leichtsinn ihrer Handlungen aufzeigt und an sie appelliert, in der Zukunft Verantwortung zu übernehmen.

Trennung der Freunde

Die Gerichtsverhandlung, bei der es zu einer nur kurzen Wiederbegegnung der beiden Freunde kommt, sowie die Strafe, die eine anschließende längerfristige Trennung bedeutet – Tschick bekommt die Auflage, vier Wochen im Heim ohne Kontakt zu bleiben –, stellen eine Rückkehr Maiks in das „normale" soziale Leben in Aussicht, während für Tschick eine Veränderung bezüglich seiner gesellschaftlichen Außenseiterrolle nicht absehbar ist. Dieser Eindruck wird noch dadurch verstärkt, dass Tschick zunächst auch in der Schule fehlt, die im Anschluss an die Verhandlung wieder beginnt.

Kapitel 47 – 48: Zurück in der Schule – Neustart im Zeichen großer Veränderungen (S. 237 – 248)

Der Sommer geht zu Ende und für Maik beginnt ein neues Schuljahr. Als er die Klasse betritt, trägt er am Körper noch sichtbare Schrammen und erregt dadurch sofort die Auf-

Versuchte Bloßstellung eines Kommunikationsversuchs zwischen Maik und Tatjana durch den Lehrer Wagenbach

merksamkeit von Tatjana, wie er es sich zuvor immer gewünscht hat. Der Leser kann vermuten, dass zudem auch sein Auftritt auf ihrer Party und das Geschenk eine gewisse Wirkung erzeugt haben, sodass sie in ihm nicht länger einen Langweiler sieht. Im Unterricht des als streng bekannten Lehrers Wagenbach lässt sie ihm einen Zettel zukommen, in dem sie ihn über die Ursache seines Aussehens befragt. Auf eine zurückhaltende, nichtssagende Antwort bohrt sie noch einmal nach. Als Maik daraufhin knapp die Ereignisse der Ferien mit Tschick zusammengefasst hat, wird der Zettel vom Lehrer abgefangen. Um die beiden lächerlich zu machen, liest er den schriftlichen Dialog laut vor und kommentiert ihn sarkastisch, indem er beispielsweise Maik als den „saubere[n] Herr[n] Klingenberg" (S. 242) bezeichnet und ihm unterstellt, es zu bedauern, nicht auch noch „in einen Mord [...] verwickelt" (ebd.) zu sein.

Rettung von Maiks Ansehen in der Klasse durch das Auftauchen zweier Polizisten

Als Maik schon befürchtet, nun vollends bloßgestellt worden zu sein, klopft es an der Tür. Der Direktor, begleitet von zwei Polizisten, lässt Maik zwecks einer Befragung aus dem Unterricht rufen. Dies stellt in Bezug auf die Glaubwürdigkeit von Maiks Geschichte, die ja nun der gesamten Klasse bekannt ist, eine Wende dar, denn nun wirkt Wagenbachs Aufführung zuvor lächerlich, während Maik ins Zentrum des allgemeinen Interesses rückt. Die Polizisten wollen von Maik wissen, ob er und sein Freund Andrej Tschichatschow möglicherweise mit dem Knacken eines weiteren Autos in Verbindung stünden, was dieser glaubwürdig verneint. Als er merkt, dass die Klasse ihn unmittelbar nach dem Schellen zur Pause beobachtet, wünscht er sich noch ein bisschen mehr Dramatik und fragt deshalb die Polizisten, ob er sie zum Parkplatz begleiten solle. Diese jedoch durchschauen ihn sofort und weisen sein Ansinnen empört von sich.

Die Episode in der Schule offenbart den Wandel, den Maik durchlaufen hat. Im Anschluss an seine Reise in die Ferne und zugleich zu sich selbst ist er nicht länger der unsichtbare Langweiler, sondern avanciert zu einem interessanten, möglicherweise beliebten Mitschüler. Es darf angenommen werden, dass hiermit – bezogen auf den Handlungsraum Schule – die Rückkehr in das soziale System unter veränderten Vorzeichen beginnt.

Rückkehr in das soziale System

Kapitel 49: Ende (S. 249 – 254)

Brief von Isa – Möglichkeit eines Wiedersehens?

Die unendlich große Bedeutung dieses Sommers für Maik wird nochmals ersichtlich, als er völlig unerwartet einen Brief von Isa erhält, den sie mithilfe der wenigen Informationen, die ihr zur Verfügung stehen, verfasst und an das Gymnasium geschickt hat. Darin informiert sie knapp, wie die Reise für sie weiter verlaufen ist, äußert ihr Bedauern darüber, dass es nicht zu einem Kuss gekommen ist und schlägt ein baldiges Treffen in Berlin vor. Maik ist vor Freude hin- und hergerissen und fühlt sich gleichermaßen zu Isa und Tatjana hingezogen.

Einschneidende Veränderungen der familiären Situation

Maik hat allerdings nicht lange Zeit, um die Zeilen auf sich wirken zu lassen, denn er hört vom Garten aus Geräusche. Sie rühren von seiner Mutter her, die volltrunken Einrichtungsgegenstände in den Pool wirft, während sein Vater „mit Mona zusammen eine neue Wohnung anguckte" (S. 250). Diese Formulierung lässt den Leser vermuten, dass sich Herr Klingenberg nun doch zu einer Trennung von seiner Frau entschlossen hat und mit der Geliebten ein neues Leben anfangen will. Dagegen, dass sich die beiden die Wohnung nur in ihrer Rolle als Immobilienverkäufer ansehen, spricht auch der Gemütszustand von Frau Klingenberg. Der Bruch in der bürgerlichen Familie ist hiermit endgültig auch nach außen hin sichtbar, was allerdings aufgrund der vorher bestehenden statischen und belastenden Situation möglicherweise auch positive Auswirkungen zeitigen kann. Auf diese Weise kann Raum für Dynamik und Veränderungen entstehen, der es den Akteuren erlaubt, sich neu zu positionieren.

Abschied von der bisherigen Lebensweise

Dass Frau Klingenberg unter anderem Lampen, Zimmerpflanzen, Sofa (gemeinsam mit Maik), Sitzkissen und auch Elektrogeräte in den Pool wirft, kann als ein Ausdruck ihrer Wut und ihrer Entschlossenheit, sich nicht länger an diese materiellen Dinge zu klammern, gedeutet werden. Maik gegenüber betont sie, sie hänge nicht an äußeren Reichtümern und es zähle nur, ob man glücklich sei (vgl. S. 251). Dabei fragt sie ihren Sohn, ob er verliebt sei, und verlässt damit nicht nur ein Stück weit die Fokussierung auf die eigene Person, sondern zeigt ihrem Sohn zugleich auch auf, dass Lebensglück weder von materiellen Dingen noch von dem, was andere über einen denken, abhängt. Maik will sich nicht länger über das Thema unterhalten, ist dafür umso lieber dabei behilflich, die Dinge, die mit vielen Erinnerungen an die vergangene Zeit behaftet sind, ins Wasser zu werfen. Zwei von den Nachbarn gerufene Polizisten kommen hinzu, um Normalität und Ordnung wiederherzustellen, was ihnen allerdings nicht gelingt. Sie werden Zeuge, wie sich Mutter und Sohn gemeinsam mit verschiedenen Gegenständen in den Pool sinken lassen und bis auf den Grund tauchen, wo sie sich gegenseitig an den Händen halten. Während die Gegenstände als Symbole für den äußerlichen Wohlstand abgestoßen werden und an der Wasseroberfläche verbleiben, lässt sich das Sinken als ein Abtauchen, aber auch als ein Ankommen im Wesentlichen deuten. Die Körperhaltung von Mutter und Sohn demonstriert die Verbundenheit beider, welche sich in diesem Moment wieder außerhalb der sozialen Norm befinden und sich von ihr emanzipiert zu haben scheinen.

Emanzipation von der sozialen Norm

Wirken ihre Verhaltensweisen von außen betrachtet wahnhaft, so lässt sich auf der anderen Seite dieses Ende des Romans auch als ein Akt der Befreiung und der Katharsis[1] deuten. Der Reichtum der Familie und die wohlhabende Haus- und Gartenausstattung dienten, wie dem Leser schon längst deutlich geworden ist, viel zu lange als Deckmantel für den in Wahrheit zerrütteten inneren Zustand der Familie Klingenberg, in der sich niemand um den anderen wirklich kümmert und jeder vor allem mit den eigenen Problemen beschäftigt ist. Mutter und Sohn verbindet trotz aller Probleme Innigkeit und in gewisser Weise auch Verständnis. Das Gefühl der Euphorie, welches mit dem Abtauchen verbunden ist, ordnet Maik allerdings als einen Augenblick ein, in welchem er den Anforderungen des Vaters und der Ordnungshüter und damit auch der Gesellschaft entzogen ist. Vieles jedoch deutet darauf hin, dass er sich, wenn er wieder auftaucht, als ein anderer, gereifter Mensch den Anforderungen des Lebens stellen und sie meistern wird.

Glücksmomente am Grund des Pools – Entrückung von Zwängen, Ordnung und gesellschaftlicher Norm

Nach dem Auftauchen kann sich Maik den Anforderungen des Lebens stellen

[1] Der Begriff Katharsis bezeichnet nach der Definition der Tragödie des Aristoteles (384 – 322 v. Chr.) die „Reinigung" des Zuschauers von bestimmten Affekten. Diese Reinigung, d.h. das Freiwerden von hinderlichen Impulsen und somit die moralische Läuterung, soll durch Gefühle von Jammer und Rührung angesichts eines tragischen Bühnengeschehens angeregt werden.

Hintergründe

Herrndorfs Lebensstationen

Werdegang als Künstler

Wolfgang Herrndorf wird am 12. Juni 1965 in Hamburg geboren und wächst nach seinen eigenen Aussagen in einem kleinbürgerlichen Haushalt auf. Nach bestandenem Abitur studiert er in Nürnberg an der Akademie der Bildenden Künste Malerei und arbeitet im Anschluss daran als Illustrator für verschiedene Magazine, unter anderem für die Satirezeitschrift „Titanic", in Berlin. Das Besondere an seiner künstlerischen Tätigkeit sehen frühere Kollegen in seiner Fähigkeit, gleichermaßen „ernste" Malereien wie auch satirisch reduzierte Formen aufs Papier bzw. auf die Leinwand zu bringen.

Originalität und Meisterschaft als Kennzeichen seiner Werke

Zu seinen Arbeiten gehören Landschaftsmalereien, Porträts, Umschlagbilder, Satirezeichnungen, Karikaturen sowie eine Reihe von Selbstporträts. Schon bald fällt Herrndorf als jemand auf, der bereits früh künstlerische Meisterschaft erreicht und dabei eine ganz eigene Note zu erkennen gibt. Eine seiner originellen Ideen besteht beispielsweise darin, den zu der Zeit amtierenden Bundeskanzler Helmut Kohl (Amtszeit: 1982 – 1998) im Stil der großen Meister wie etwa Jan Vermeer van Delft (1632 – 1675), Caspar David Friedrich (1774 – 1840), Carl Spitzweg (1808 – 1885) oder Georg Baselitz (geb. 1938) zu porträtieren, ohne dass dies von jemandem so in Auftrag gegeben worden ist. Statt der ursprünglichen Hauptfiguren steht in Herrndorfs Bildern nun Helmut Kohl inmitten der originalgetreu nachgebildeten Hintergrund-Szenarien. Zusammengefasst zu dem Kunstkalender mit dem Titel *„Wolfgang Herrndorf KLASSIKER KOHL 1998"* werden die Bilder zu einem Erfolg, an dem sogar das Kanzleramt Interesse zeigt, indem es Exemplare bestellt.

Selbstporträt Wolfgang Herrndorfs vom Juni 1988

Hinwendung zur Literatur und erste Veröffentlichungen

Viele seiner Arbeiten sind allerdings später nicht mehr erhalten, weil Herrndorf sie – seinem Hang zur unmäßigen Selbstkritik entsprechend – radikal vernichtet. Wohl auch aufgrund seines Perfektionismus und seiner Liebe zur intellektuellen Arbeit wird ihm die Welt der Malerei irgendwann zu klein, sodass er ihr den Rücken kehrt und sich fortan der Literatur widmet. Seine Liebe zur Literatur teilt er mit seiner Lebensgefährtin und späteren Frau Carola Wimmer, die sich einen Namen als erfolgreiche Kinderbuchautorin macht. Sie wird bis zu seinem frühen Tod an seiner Seite bleiben.

Roman „In Plüschgewittern"

Seine erste Veröffentlichung, ein Roman mit dem Titel „In Plüschgewittern", der 2002 erscheint, handelt von einem lebensuntüchtigen, aber hochsensiblen und intelligenten Endzwanziger, der, während er sich bei Freunden einquartiert, das Berliner Szeneleben schonungslos beobachtet und kommentiert. Der reflektierende, zum Teil ironisch-heitere, zum Teil auch sarkastisch-hoffnungslose Ich-Erzähler berichtet dabei von seinem schranken- und regellosen Leben zwischen Partys und Arbeitslosigkeit und verweist damit auf das Lebensgefühl einer Generation, die sich existenziell verloren fühlt.

Erzählung „Die Rosenbaum-Doktrin"

2007 erscheint eine Erzählung mit dem Titel „Die Rosenbaum-Doktrin". Dabei handelt es sich formal um ein fiktives Interview des Autors mit einer erfundenen Person, dem Kosmonauten Friedrich Jaschke. Herrndorf spricht mit dem inzwischen schwer kranken Mann, der in einem Altenheim lebt, über dessen Erfahrungen in der Raumfahrt und die Gründe, warum es trotz gegebener Voraussetzungen und intensiven Trainings doch nicht dazu gekommen ist, dass Jaschke als erster Deutscher ins All flog und somit sein Traum Realität wurde. Auf einer tieferen Ebene geht es in dem Gespräch um Mythen und Wahrheiten rund um die Raumfahrt, um politische Hintergründe, Verschwörungstheorien und die Frage, warum die Rückkehrer aus dem All über Banalitäten, nicht aber über mögliche außerirdische

Existenzformen oder gar die Begegnung mit Gott berichten. Dies liege laut Jaschke nicht nur im Zwang zur Geheimhaltung und in dem Verschwinden der Zuwiderhandelnden begründet, sondern auch an der „Rosenbaum-Doktrin", die eine Anweisung zum Umgang mit dem Unerklärlichen beinhalte: „Das Unerklärliche gibt es nicht", und somit müsse jeder Hinweis darauf vernichtet oder geleugnet werden.

Erzählband „Diesseits des Van-Allen-Gürtels"

Im gleichen Jahr veröffentlicht Herrndorf einen Band mit Erzählungen unter dem Titel „Diesseits des Van-Allen-Gürtels". Darin sind Geschichten von Menschen versammelt, die zumeist einsam und verloren wirken, zufällig aufeinandertreffen und deren kurzzeitige Begegnung im Hinblick auf die Zukunft folgen- und sinnlos bleibt. Die rätselhaften Dialoge wirken oftmals gleichermaßen tragisch wie komisch und zeugen dabei von einer Grundstimmung, die von elementarer Verunsicherung gekennzeichnet ist. Für die titelgebende Erzählung, in der ein Dialog zwischen einem Jungen, der Kosmonaut werden will, und einem dieses Ansinnen nüchtern und desillusionierend kommentierenden Erwachsenen dargestellt wird, gewann Herrndorf bereits 2004 überraschend den Publikumspreis beim Ingeborg-Bachmann-Wettbewerb.

Schwerwiegende, unheilbare Erkrankung an einem Hirntumor

Das Jahr 2010 wird für Wolfgang Herrndorf zum Schicksalsjahr. Gesundheitlich geht es ihm sehr schlecht. Untersuchungen ergeben, dass er an einem bösartigen, als unheilbar geltenden Gehirntumor, einem sogenannten Glioblastom, erkrankt ist. Nach dem Aufenthalt in einer Psychiatrie im Anschluss an Begleiterscheinungen des Tumors wie Psychosen, epileptische Anfälle und depressive Phasen entscheidet er sich zu einem offensiven Umgang mit der Krebserkrankung und beginnt ein Internettagebuch, dem er den Titel „Arbeit und Struktur" gibt. Der Titel verweist dabei auf seine Strategie für den Kampf gegen den Krebs, die er konsequent verfolgt. Statt zu resignieren, stürzt er

Internettagebuch „Arbeit und Struktur"

sich intensiver als je zuvor in seine Arbeit. Nach eigenen Angaben schreibt er von dem Zeitpunkt an, an dem er weiß, dass seine Zeit begrenzt ist, „ungefähr dreimal so schnell wie sonst, und zehnmal so viel"[1]. Dabei führt er nicht nur den Blog als Tagebuch weiter, sondern greift ein Projekt auf, das ihn, einen passionierten und intelligenten Leser, schon immer gereizt hat und für das er bereits „vor sechs Jahren auf Halde"[2] Teile verfasst hat.

Literarischer Durchbruch mit dem Jugendroman „Tschick"

Es handelt sich um einen Jugendroman, der ihm schließlich zum großen, langersehnten und doch in gewisser Weise zu spät kommenden literarischen Durchbruch verhelfen wird: „Tschick". Herrndorf konzipiert, schreibt und überarbeitet, während er bei den Ärzten wartet und unter dem Einfluss der Chemotherapie steht, und schafft es, dass das Buch noch im selben Jahr veröffentlicht wird. Es wird nicht nur ein ungeheurer Verkaufserfolg, sondern lockt auch Dramaturgen und Filmemacher, die sich Adaptionen für Bühne und Kino vorstellen können. Eine sehr bekannte Bühnenfassung stammt von Robert Koall, einem Freund und Vertrauten Herrndorfs. Im Folgejahr gewinnt Herrndorf mit dem Roman „Tschick" den deutschen Jugendliteraturpreis und den Clemens-Brentano-Preis, 2012 folgt der Hans-Fallada-Preis.

Leben mit der Krankheit

Die verbleibenden Jahre sind von weiterhin intensiver Arbeit und dem Wunsch nach einem strukturierten Lebenswandel geprägt. Neben dem Schreiben spielen auch das Lesen, das Schwimmen in Badeseen, das Fußballspielen, gemeinsame Unternehmungen mit Freunden und das Reisen eine große Rolle in seinem Leben. Immer stärker jedoch dringen auch die Krankheit und die damit einhergehenden Behandlungen wie Strahlentherapie und Operationen in

---

[1] Herrndorf, Wolfgang: Arbeit und Struktur. Eintrag vom 08.03.2010, Berlin 2013, S. 10

[2] Ebd., Eintrag vom 24.03.2010, S. 33.

den Alltag ein. Herrndorf wünscht sich Selbstbestimmung (Autonomie), auch was das eigene Sterben angeht, und reflektiert intensiv in seinem Blog über sein Leben und den Tod. Daneben geht es aber auch um alltägliche Begegnungen und Reflexionen, um die Freundschaft, um gute und schlechte Literatur sowie um prägende, zentrale Ideen und Personen. Das Tagebuch hat inzwischen einen literarischen Charakter angenommen, sodass es auf Wunsch Herrndorfs zur späteren Veröffentlichung bestimmt wird und 2014 erscheint.

Wolfgang Herrndorf wurde nur 48 Jahre alt.

„Sand" – Spionagethriller und Gesellschaftsroman

Herrndorf arbeitet sofort im Anschluss an „Tschick" an einem Roman, dem er den Titel „Sand" gibt und der 2011 erscheint. Die rätselhafte Handlung, das Figurenensemble – neben einem potenziellen Amokläufer und Polizisten spielt auch ein Namenloser eine Rolle, der einen Gedächtnisverlust erlitten hat und der, indem er nach dem verborgenen Sinn der Geschichte sucht, sich in einer durchaus vergleichbaren Position wie der Leser befindet – und der Sprachduktus verweisen auf die Genres Spionagethriller und Gesellschaftsroman. Die Handlung spielt 1972 in der arabischen Welt. Diese stellt eine globale Bedrohung dar, offensichtlich, weil geheime Informationen – möglicherweise über Nuklearwaffen – dorthin gelangt sind. Verschiedene Personen, teilweise, weil es ihr Job ist oder aber weil sie Verbrecher sind, teilweise, weil sie in die Handlung unabsichtlich hineinstolpern, sind auf der Suche nach einem Mikrofilm, auf dem sich die Informationen befinden. Dabei kommt es zu einer Verkettung von Handlungssträngen, die eher Missverständnissen oder dem Zufall geschuldet sind und die auf ein existenzialistisch-nihilistisches[1] Weltbild verweisen. Auch dieses Werk wird unmittelbar nach dem Erscheinen von der Kritik hochgelobt und bekommt 2012 den Preis der Leipziger Buchmesse, den Herrndorf allerdings erkrankungsbedingt nicht selbst entgegennimmt.

„Bilder deiner großen Liebe" als letztes, unvollendetes Buchprojekt

2013 verschlechtert sich Herrndorfs Gesundheitszustand nochmals dramatisch. Der Arzt diagnostiziert im Juli ein Weiterwachsen des Tumors, welcher operativ nicht mehr zu entfernen ist, und setzt die Chemotherapie ab. Trotz der niederschmetternden Diagnose arbeitet Herrndorf an einem Roman mit dem Arbeitstitel „Isa", bei dem es sich zunächst um eine Fortsetzung des Jugendromans „Tschick" aus der Perspektive Isa Schmidts handeln sollte. Diese Idee entwickelt sich schließlich zu einem ganz eigenen Werk mit nur wenigen Anklängen an den Jugendroman. Im Mittelpunkt steht die an einer Psychose erkrankte Isa, die auf ihrem Weg, den sie nach dem Ausbruch aus einer geschlossenen Einrichtung zu Fuß zurücklegt, Menschen begegnet, die wie sie in vielerlei Hinsicht gebrochen sind. Das Besondere an dem Fragment sind die Dialoge, die aus der Sicht

[1] Die Existenzphilosophie zeichnet sich im Kern durch die Idee aus, dass die Idee eines Absoluten (z. B. Gott) verneint wird. An dessen Stelle tritt die Fokussierung auf die Existenz des Menschen als alleinigen Bezugspunkt. Der Mensch ist auf sich selbst zurückgeworfen und muss mit der Freiheit in seinem Handeln umgehen lernen. Die philosophische Strömung des Nihilismus (von lat. nihil – nichts) geht noch einen Schritt weiter, indem hier jegliche Möglichkeit einer objektiven Seins-, Gesellschafts-, Erkenntnis- und Werteordnung verneint wird. Der Mensch ist in radikaler Weise ein Zufallsprodukt, die Welt ist sinnlos, sodass keinerlei Werte und Normen Gültigkeit beanspruchen können.

einer Ich-Erzählerin formuliert sind, deren Wahrnehmungen durch ihre psychische Erkrankung bestimmt werden und denen der Leser somit nicht uneingeschränkt trauen kann. Herrndorf kommt nicht mehr dazu, das Projekt zu Ende zu führen und als Buch zu veröffentlichen, erlaubt aber seinen Freunden, es unter dem Titel „Bilder deiner großen Liebe" als Fragment der Öffentlichkeit zugänglich zu machen. Herrndorf nimmt sich infolge seines Leidens und nach intensiver gedanklicher Auseinandersetzung mit dem Thema am 26. August 2013 das Leben.

Zum Aufbau und zur formalen Struktur des Jugendromans

Rahmenstruktur

Der Roman besitzt eine Rahmenstruktur, d. h., er beginnt für den Leser unvermittelt mit einem Handlungsausschnitt, welcher kurz vor dem Ende des Romans – nach dem Ende der Reise mit Tschick – angesiedelt ist. Maik befindet sich auf der Polizeiwache, nachdem die Jugendlichen mit einem gestohlenen Lada in einen verunglückten Schweinetransporter gefahren sind. Das Aufbrechen der Erzählchronologie zugunsten eines Ausblicks auf den Ausgang der Binnenhandlung hat dabei keineswegs ein Nachlassen der Spannung zur Folge. Im Gegenteil führen viele Andeutungen dazu, im Leser den Wunsch nach Klärung zu wecken, und veranlassen ihn damit zum Weiterlesen.

Ich-Erzählform

Entsprechung zwischen Bewusstseinszustand und sprachlicher Gestaltung

Die Erzählform (Ich-Erzählform) ist radikal auf das Bewusstsein des jugendlichen Erzählers beschränkt, sodass der Leser zunächst dessen Sinneswahrnehmungen und dann seine Gedanken nachvollzieht. Das bedeutet, dass das Bewusstsein der Hauptfigur und seine Verfassung durch die sprachlich-formale Gestaltung vermittelt werden. Ist Maik – wie etwa auf dem Polizeirevier zu Beginn – verwirrt, so wirken auch seine Gedanken sprunghaft und assoziativ, während er als Erzähler andere Episoden durchaus geordnet, ruhig und chronologisch erzählt.

Neben der Handlung, die sich auf der Polizeistation abspielt, gehört auch das Geschehen im Krankenhaus zur Rahmenhandlung. Diese hat eine expositorische Funktion. Der Leser wird schrittweise an die Hauptperson (den Ich-Erzähler) und den Erzählstil herangeführt. Dieser zeichnet sich durch eine Sprache aus, die von jugendsprachlichen Ausdrücken und einer teilweise an die Sprechsprache angelehnten Grammatik durchsetzt ist und damit authentisch wirkt.

Binnenhandlung: Maik, Tschick und die gemeinsame Reise

Der Rahmenhandlung folgt die Binnenhandlung, in deren Zentrum thematisch zunächst das Leben Maiks in der Schule und in seinem Elternhaus, anschließend die Vorstellung des neuen Mitschülers Tschick und dann die gemeinsame Reise stehen. Der Erzählfaden vom Anfang wird wieder aufgenommen, nachdem mit dem Unfall vom Ende der gemeinsamen Reise erzählt wird. Es folgt der Ausblick in die Zukunft Maiks.

Episodenstil

Strukturell wird im Episodenstil erzählt, d.h., die zumeist kurzen Kapitel weisen jeweils einen anderen inhaltlichen Schwerpunkt auf. Sie sind zum Teil dadurch locker anein-

Die Erzählstruktur

Rahmenhandlung:

Auf der Polizeiwache und im Krankenhaus (Kap. 1 – 4)

Binnenhandlung:

Maik und Tschick in der Schule
Die gemeinsame Reise (Kap. 5 – 44)

Reaktion der Eltern und Gerichtsverhandlung; zurück in der Schule, Ende (Kap. 45 – 49)

andergebunden, dass manchmal auf bereits Erzähltes zurückgegriffen oder auf etwas noch Kommendes vorausgedeutet wird. Andere Kapitel wirken jedoch in sich abgeschlossen und stehen damit für sich. Der Leser kann Maiks Geschichte gut folgen und wird förmlich auf die Reise mitgenommen, weil das Prinzip der zeitlichen Chronologie nur in der Rahmenhandlung aus Gründen der Spannungssteigerung durchbrochen wird.

Stil und Sprache

Ich-Erzählform, Anpassung an das Bewusstsein eines Jugendlichen

Die Sprache sowie der Stil des Jugendromans „Tschick“ entsprechen der erzählerischen Entscheidung des Autors Wolfgang Herrndorf, einen 14-jährigen Ich-Erzähler zu wählen und stringent aus dessen Perspektive heraus das Geschehen wiederzugeben. Um die Gedanken, Gefühle und Beobachtungen seiner Figur authentisch ausdrücken zu können, wählt Herrndorf durchweg jugendsprachliche Ausdrucksweisen. Bei Jugendsprachen handelt es sich um Varietäten der Standardsprache, die vor allem gesprochen werden, selten aber bei der schriftlichen Abfassung von literarischen Texten Verwendung finden.

Konzeptionelle Mündlichkeit

In diesem Sinne verwendet Herrndorf einen Kunstgriff. Dem Leser wird nämlich durch die Annäherung an die sogenannte „konzeptionelle Mündlichkeit“, also an mündlich konzipierte Sprache, suggeriert, dass er sich in einer Dialogsituation befindet. Diese Empfindung wird bereits sehr früh – beim Lesen des Anfangskapitels – genährt, als Maik sich dialogisch an den Leser wendet:

Dialogsituation

- „Ist das unklar, was ich da rede? Ja, tut mir leid. Ich versuch's später nochmal.“ (S. 8)

Der Eindruck der Unmittelbarkeit des Erzählten und der Nähe zur Hauptfigur wird neben der Gestaltung des Erzählerberichts auch durch zahlreiche Dialoge, die in den Roman eingeflochten sind, unterstrichen.

Sprachliche Konstruktion

Auch weitere Merkmale konzeptioneller Mündlichkeit wie etwa sprechsprachliche Konstruktionen, die im Schriftlichen so nicht verwendet werden bzw. sogar grammatikalisch falsch sind, lassen sich im Roman finden. Besonders auffällig ist in diesem Zusammenhang der gehäufte Gebrauch von „weil-Sätzen" mit Alleinstellung der Konjunktion, z. B.:

- „Alle saßen auf ihren Stühlen wie festgetackert, weil, wenn jemand ein autoritäres Arschloch ist, dann Wagenbach." (S. 41)
- „Weil, man kann zwar nicht ewig die Luft anhalten." (S. 254)

Parataktische, ellipitische und anakoluthische Sätze

Im Bereich des Satzbaus lässt sich weiterhin beobachten, dass vielfach parataktische Sätze (Satzreihen) verwendet werden und eine Tendenz zur Ökonomisierung besteht, indem Sätze unvollständig (elliptisch) oder abgebrochen (anakoluthisch) sind, z. B.:

- „Aber Lösung mein Arsch." (S. 228)

Abbildung klanglicher Besonderheiten

Schriftlich abgefasste Texte, die wie mündliche konzipiert sind, können des Weiteren auch den Versuch beinhalten, klangliche Besonderheiten abzubilden. Auf diese Weise gewinnt der Leser einen Eindruck von einer Figur auch über die von ihr verwendete Sprache, etwa im Fall des Vaters von Lutz Heckel:

- „Ma orndlich was auffe Bruss für unsre tüchgen Fahrafahra!" (S. 117)

Merkmale von Jugendsprache

Auffällig ist weiterhin auch eine umgangs- bis fäkalsprachliche Wortwahl (Lexik), die als Merkmal sowohl von mündlich konzipierten Texten als auch von Jugendsprache gilt, z. B.:

- „Da muss ich strahlkotzen." (S. 34)

- „Ihr seid doch zum Ficken zu blöd!" (S. 151)

Auch weitere typische Merkmale von Jugendsprachen, die im Folgenden kurz aufgezeigt und an einem Beispiel verdeutlicht werden sollen, lassen sich gehäuft im Roman „Tschick" belegen, z. B.:

- eigenwillige Anreden, Bezeichnungen und Grußformeln, wie „Psycho" (S. 24) als Anrede für Maik und „Flusspferd" (S. 191) für die Sprachtherapeutin,
- Bedeutungsverschiebungen (semantische Variation), wie „superporno" (S. 213), um das gute Aussehen Tatjana Cosics zu beschreiben,
- Wortneuschöpfungen (Neologismen), wie „Hochsprung-Legastheniker" (S. 38), um die Schwierigkeiten des übergewichtigen Lutz Heckel beim Hochsprung auszudrücken,
- Superlativierungen/Emotionalisierungen/Wortverstärkungen, wie „megakacke" (S. 158),
- Vereinfachungen (Ökonomisierung), wie „Asi" (S. 41) für „Asozialer".

Maik verwendet daneben vielfach dieselben sprachlichen Wendungen, um Gefühle der Überraschung oder Überwältigung auszudrücken, z. B.:

- „Alter Finne", etwa bei der Erinnerung an die Vergabe des Nachtischs in Friedemanns Familie oder an die Freundlichkeit des Unbekannten, der mitten in der Nacht angerufen noch Hilfe und Unterstützung anbietet, anstatt entrüstet zu sein (S. 131; S. 209),
- „den Stecker ziehen", etwa bei dem Gedanken an den Tod (vgl. S. 175) oder bei der Beschreibung von Tschicks sprachlich höflichem Umgang mit Friedemanns Mutter (vgl. S. 129).

Herrndorf gelingt durch die sprachliche Gestaltung und die Art des Erzählens der Spagat zwischen seinem eigenen erwachsenen Ich als Autor und dem von ihm erfundenen jugendlichen Protagonisten, wozu auch die Balance zwischen Komik und Ernsthaftigkeit gehört.

Zur literarischen Einordnung – die Frage nach dem Genre

Merkmale verschiedener literarischer und filmischer Schemata im Roman „Tschick"

Der Roman ist inzwischen verschiedenen literarischen Genres zugeordnet worden, mit denen er bestimmte Merkmale teilt. Bei einem Vergleich wird deutlich, dass Herrndorf für sein Schreiben auf literarische Schemata zurückgreift und teilweise auch mit ihnen spielt, ohne den Roman jedoch allzu starr festzulegen. In vielerlei Hinsicht lässt sich nach Ansicht Marja Rauchs[1] der Roman „Tschick" als ein „Grenzgänger" bezeichnen: Zunächst steht er auf der Grenze von Erwachsenen- und Jugendliteratur und weckt damit generationen- und geschlechterübergreifendes Interesse. Auch die Frage nach der Gattung lässt sich im Falle des Romans „Tschick" nicht eindeutig beantworten. Deshalb seien an dieser Stelle Merkmale der Gattungen, die stellenweise Ähnlichkeiten aufweisen und helfen, den Roman formal einzuordnen, aufgeführt.

Adoleszenzroman

Unproblematisch erscheint zunächst eine Bezeichnung des Werkes „Tschicks" als ein Adoleszenzroman[2] bzw., um einen englischen Begriff zu gebrauchen, eine „Coming-of-Age-Story". In dessen Mittelpunkt steht nach Angaben Rauchs der Prozess des Übergangs von der Kindheit zum Erwachsenwerden, der neben den körperlichen Verände-

[1] Rauch, Marja: Jugendliteratur der Gegenwart. Grundlagen, Methoden, Unterrichtsvorschläge. In: Praxis Deutsch. Stuttgart 2012, S. 206
[2] Angaben nach: Ebd. S. 204.

rungen auch psychische Reifungsprozesse und die Auseinandersetzung mit gesellschaftlichen Fragestellungen mit sich bringt. Charakteristisch sind Erfahrungen wie die Ablösung vom Elternhaus, das Streben nach Autonomie, das Erwachen der Sexualität, die Reflexion der eigenen Rolle und der Versuch, eine eigene Identität zu finden. Der Adoleszenzroman ist abzugrenzen vom Bildungs-, Erziehungs-, Entwicklungs- und Schulroman auf der einen Seite und vom problemorientierten Jugendroman auf der anderen Seite. Während die erstgenannten sich primär an ein erwachsenes Publikum richten, haben der Adoleszenzroman und der problemorientierte Jungenroman jugendliche Adressaten. Legt man diese Definition zugrunde, lässt sich der Roman „Tschick" als ein Adoleszenzroman bezeichnen, in welchen mit der Schilderung der krisenhaften Lebensbedingungen des Protagonisten Maik, aber auch dessen Freundes Tschick sowie mit dem Blick auf deren gemeinsam begangene Straftaten Züge des problemorientierten Jugendromans einfließen. Auch Merkmale des Abenteuerromans in der Nachfolge Mark Twains (1835 – 1910, US-amerikanischer Schriftsteller), dessen Roman „Die Abenteuer des Huckleberry Finn" (1884/85) Herrndorf ausdrücklich als Vorbild heraushebt, fließen in die Gestaltung des Romans „Tschick" mit ein.

Einschläge des problemorientierten Jugendromans und des Abenteuerromans

Die Bezeichnung „Roadnovel" bzw. „Reiseroman" ist angelehnt an ein Genre aus dem Bereich des Films, dem sogenannten „Roadmovie". Dieses bezeichnet ein Filmgenre, in dessen Mittelpunkt ein unermüdlich herumwandernder oder fahrender, zumeist männlicher, Held steht. Sein Unterwegssein auf der Straße verweist dabei symbolisch auf die Suche einer Person, die ihren Platz in der Gesellschaft (noch) nicht gefunden hat und deren Freiheitsbestrebungen nicht selten mit festgelegten Werten und Normen kollidieren. Eine Variation dieses Erzählmusters kann darin bestehen, dass anstelle eines Einzelhelden ein Duo im Mittel-

„Roadnovel"

punkt steht, das sich auch zufällig getroffen haben kann und infolge der gemeinsamen Reiseerlebnisse durch Freundschaft und Solidarität miteinander verbunden ist. Erzählt wird zumeist – korrespondierend mit dem Wechsel von Orten, Verhältnissen oder Situationen – episodisch. Mit der äußeren Reise gehen auch „die endlosen Reisen ins Innere, immer auf der Suche nach sich selbst, immer voller Rebellion gegen den Alltag"[1] einher. Bei der Reise geht es somit weniger darum, ein bestimmtes Ziel zu erreichen, als vielmehr um das Unterwegssein selbst, das deshalb so attraktiv ist, weil es Räume zur Flucht aus der Gesellschaft und zur Suche nach anderen Lebensvorstellungen bietet und dabei Selbstfindung verheißt.

„Heldenreise" Ein anderes erzählerisches Muster, das sich im Roman „Tschick" wiederfinden lässt, ist die sogenannte „Heldenreise". Es handelt sich dabei um eine schematische Handlungsstruktur, die bereits in antiken Mythen vorkommt und sich heute in vielen Filmen widerspiegelt. Das folgende Modell zeigt den typischen Zyklus einer solchen Heldenreise, wie er von Christoph Vogler herausgearbeitet und beschrieben worden ist und als Erfolgsrezept für viele Hollywoodfilme gilt:

1. Ausgangspunkt ist die gewohnte, langweilige oder unzureichende Welt des Helden (vgl. Maiks Lebenswelt zu Hause).
2. Der Held wird von einem Herold (Boten) zum Abenteuer gerufen (vgl. Tschicks Auftreten und seine Einladung an Maik, mit dem Lada gemeinsam wegzufahren).
3. Diesem Ruf verweigert er sich zunächst (vgl. Maiks Zögern und seine Vorbehalte gegenüber Tschicks Idee, in

[1] „Das wahre Leben ist anderswo ..." – Road Movies als Genre des Aufbruchs. In: Road Movies. Hg. v. Norbert Grob und Thomas Klein. Mainz 2006, S. 15

die Walachei – in Maiks Augen nur ein Fantasieort – zu fahren).

4. Jemand überredet ihn daraufhin, die Reise anzutreten, und das Abenteuer beginnt (vgl. Maiks und Tschicks Entschluss, aufzubrechen).
5. Der Held überschreitet die erste Schwelle, nach der es kein Zurück mehr gibt (vgl. den Diebstahl des Lada und Maiks Weigerung, die E-Mails des Vaters zu beantworten oder das Handy mitzunehmen).
6. Der Held wird vor erste Bewährungsproben gestellt und trifft dabei auf Verbündete und Feinde (vgl. die Begegnungen mit dem Mitschüler Lutz Heckel, der die beiden Minderjährigen enttarnen könnte).
7. Nun dringt er bis zur tiefsten Höhle, zum gefährlichsten Punkt, vor und trifft dabei auf den Gegner (vgl. die wiederholte Flucht vor der Polizei, die die Welt der bürgerlichen Gesellschaft repräsentiert, gegen die die Jugendlichen rebellieren).
8. Hier findet die entscheidende Prüfung statt: Konfrontation und Überwindung des Gegners (vgl. die erfolgreiche Flucht vor der Polizei, später auch aus dem Krankenhaus, in dem Tschick behandelt wird).
9. Der Held kann nun den „Schatz" oder „das Elixier" (konkret: einen Gegenstand oder abstrakt: besonderes, neues Wissen) rauben (vgl. das Fläschchen, das ihnen Horst Fricke übergibt und das sie dann wegschmeißen, sowie die neuen Erfahrungen von Autonomie).
10. Er tritt den Rückweg an, währenddessen es zu seiner Auferstehung aus der Todesnähe kommt (vgl. den lebensgefährlichen Unfall).
11. Der Feind ist besiegt, das Elixier befindet sich in der Hand des Helden. Er ist durch das Abenteuer zu einer neuen Persönlichkeit gereift (vgl. den „neuen Maik" bei der Auseinandersetzung mit seinem Vater).

12. Das Ende der Reise: Der Rückkehrer wird zu Hause mit Anerkennung belohnt (vgl. die neue Aufmerksamkeit Maiks in seiner Klasse und die Briefe von Tatjana und Isa).

Intertextuelle Bezüge zur Literatur der Romantik

Dem Leser wird bei einem Vergleich der zahlreichen Merkmale schnell klar, dass Herrndorf in seinem Jugendroman etliche Gattungsbezüge herstellt. Daneben lassen sich auch sogenannte intertextuelle[1] Zusammenhänge erkennen, insbesondere im Hinblick auf die Literatur der Romantik. Zu nennen ist in diesem Zusammenhang die Grundkonstellation zahlreicher romantischer Erzählungen wie z. B. die des eichendorffschen (1756 – 1818) Schelmenromans „Aus dem Leben eines Taugenichts" (1822/23) und die in E. T. A. Hoffmanns (1776 – 1822) „Der goldene Topf" (1814), die von Boris Hoge-Benteler wie folgt zusammengefasst wird: „Ein adoleszenter, lebenshungriger Außenseiter tritt als besonders anfällig für die Werbung unheimlicher Gestalten und Mächte auf, welche ihm dann einen Eintritt in eine andere Welt ermöglichen."[2] Der Held erlebt auf der dann folgenden Reise unheimliche, rational nicht erklärbare Abenteuer und Begegnungen, die er meistert oder an denen er schließlich scheitert. Dabei spielt das Motiv der Entgrenzung von den Schranken des Alltags, der Normalität oder des Rationalen eine wichtige Rolle. Die Romantik negiert ein Weltbild, wonach der Mensch nicht nur die Welt um sich herum, sondern auch sich selbst mittels seiner Vernunft beherrschen kann, und betont auf diese

[1] intertextuell: von „inter" (zwischen) und „Text"; Abhängigkeit zwischen dem neu entstandenen Text und Texten, auf die der Autor Bezug nimmt

[2] Hoge-Benteler, Boris: Metakonstruktion. Zu Möglichkeiten des Umgangs mit problematischen Russland-/Russendarstellungen in der jüngsten deutschen Gegenwartsliteratur am Beispiel von Wolfgang Herrndorfs Roman „Tschick". In: Kinder-/Jugendliteratur und Medien in Forschung, Schule und Bibliothek, S. 40

Weise die Macht des Irrationalen, Untergründigen und stellt damit eine Gegenbewegung zur Epoche der Aufklärung dar.

Die Frage nach der Gattung – Merkmale und ihre Anwendung auf den Jugendroman „Tschick"

Roadnovel (Roadmovie)
Motiv des Unterwegsseins, Rebellion gegen soziale Norm, Selbstfindung

Adoleszenzroman, („Coming-of-Age-Story")
Thema des Erwachsenwerdens (Ablösung vom Elternhaus, Erwachen der Sexualität, Frage nach Identität)

Heldenreise
Übernahme der Struktur eines schematischen Musters, um einen Entwicklungsprozess zur verdeutlichen

Jugendroman **„Tschick"** von Wolfgang Herrndorf

Problemorientierter Jugendroman
schwierige Familiensituation, soziale Außenseiterrolle, Thema Jugenddelinquenz

Bezüge zur Romantik
Aufbrechen eines jungen Menschen aus dem Alltag in die Welt des Fantastischen

Abenteuerroman
jugendliche Helden, Erleben von Abenteuern, Freundschaft und Bewährungsproben

- Netz von intertextuellen, gattungstypischen und historischen Bezügen
- Überschreitung von Grenzen der Gattung sowie des Adressatenalters und -geschlechts

Der Jugendroman „Tschick" in der Schule

Der Blick auf die Figuren: Die Personencharakterisierung

Eine literarische Figur charakterisieren – Tipps und Techniken

In einer literarischen Charakterisierung werden neben äußeren Merkmalen besonders die Wesenszüge einer literarischen Figur analysiert. Gegebenenfalls muss auch ihre Entwicklung im Werk erfasst werden. Dazu ist es wichtig, die im Text vermittelten Informationen zu sammeln, zu ordnen und zu werten.

Auf diesem Wege gelangt man zu einer Gesamtinterpretation der Figur. Das Wesentliche soll nicht in beschreibender, sondern in argumentierender Form dargelegt werden. Alle Behauptungen, die man über eine Figur aufstellt, müssen begründet, d.h. in der Regel durch eine oder mehrere Textstellen belegt werden. Das Tempus ist das Präsens.

Für die Erarbeitung einer literarischen Charakterisierung können unter anderem folgende Aspekte und Leitfragen von Bedeutung sein:

1. **Personalien, sozialer Status und äußeres Erscheinungsbild**
   - Was erfahren wir über Name, Geschlecht, Alter und Beruf der Figur?
   - Werden auffällige äußere Merkmale beschrieben?
   - Wie werden die Lebensverhältnisse und das soziale Umfeld der Figur dargestellt?
   - Gibt es Informationen zur Vorgeschichte der Figur?

2. Wesentliche Charaktereigenschaften und Verhaltensweisen

- Zeigt die Figur typische Verhaltenseigenschaften und Gewohnheiten?
- Was sind ihre hervorstechenden Wesensmerkmale und Charakterzüge?
- Welche Umstände prägen und bestimmen ihre Existenz?
- Welches Selbstbild hat die Person?
- Welche inneren Einstellungen, welches Weltbild legt sie an den Tag?
- Zeigt die Figur eine Veränderung in ihren äußeren Merkmalen oder eine innere Entwicklung?
- Wie wird sie von den anderen Personen wahrgenommen?
- In welcher Beziehung steht sie zu den anderen Personen?

3. Sprachgebrauch und Sprachverhalten

- Wie kann man den Sprachgebrauch der Figur allgemein beschreiben (Sprachebene, Sprachstil)?
- Welche Auffälligkeiten lassen sich auf Satz- und Wortebene erkennen (Satzbau, Wortwahl …)?
- Welche Botschaften werden durch nonverbale Kommunikation übermittelt (Mimik, Gestik, Körperhaltung)?
- Welches Gesprächsverhalten, welche Gesprächsstrategien verfolgt die Figur?

4. Zusammenfassende Bewertung

- Wie lässt sich die Funktion der Figur für den Roman beschreiben?

- Handelt es sich um einen Charakter oder bloß einen Typus[1]?
- Inwieweit sind festgestellte charakterliche Merkmale gesellschaftlich bedingt?
- Welche Gesamtdeutung der Figur ergibt sich aus den gewonnenen Erkenntnissen?

Die Hauptfiguren

Maik Klingenberg

1. Personalien, sozialer Status und äußeres Erscheinungsbild

Wohlstand und Probleme im Hause Klingenberg

Der 14-jährige Achtklässler eines Gymnasiums in Berlin-Marzahn Maik Klingenberg ist der Ich-Erzähler und eine der Hauptfiguren des Romans. Er stammt als ein Einzelkind aus einer vergleichsweise wohlhabenden Familie, in der es dennoch viele uneingestandene Probleme gibt. Sein Vater handelt mit Immobilien, was eine Zeit lang finanziell so gut lief, dass die Klingenbergs in einem Haus mit großem Pool im Garten wohnen und zwei Hausangestellte haben. Die Eltern gehen regelmäßig Tennis spielen.

Unauffälliges äußeres Erscheinungsbild

Über Maiks äußeres Erscheinungsbild erfährt der Leser, dass es sich um einen durchaus sportlichen Jungen handelt, der im Hochsprung seine Mitschüler besiegt, ohne dass diese ihm dafür allerdings Anerkennung zollen (vgl. S. 39f.). Dies deutet auf eine gewisse Unscheinbarkeit hin, die neben seinem zurückhaltenden Wesen dazu führt, dass er als Langweiler gilt. Einzig seine Lieblingsjacke, ein billiges Modell mit einem weißen Drachen auf der Brust, ist auffällig und verweist darauf, dass er gern anders wäre, als er ist: „reich, feige, wehrlos“ (S. 62).

---

[1] In der Literaturwissenschaft bezeichnet ein Typus eine mit feststehenden Merkmalen versehene Figur. Dabei handelt es sich nicht um einen individuellen, sondern einen schematischen Charakter, der in dieser Form in verschiedenen Texten eine Rolle spielt.

Der äußere Wohlstand verdeckt innerfamiliäre Konflikte, die das Leben Maiks immens prägen. Die Klingenbergs haben sich als Paar auseinandergelebt: Maiks Mutter ist Alkoholikerin und benötigt regelmäßig therapeutische Hilfe in einer Entzugsklinik, und der Vater unterhält eine sexuelle Affäre mit seiner jungen Kollegin Mona, für die er später seine Familie verlassen wird. Weil beide zu sehr mit sich und ihren Angelegenheiten beschäftigt sind, vernachlässigen sie ihren Sohn und sind ihm bei seinen Problemen keine Hilfe. Maik ist somit sehr viel allein und ist es gewöhnt, sich etwa mit der Lektüre von seinen Lieblingsbüchern oder mit Computerspielen selbst zu beschäftigen.

2. Wesentliche Charaktereigenschaften und Verhaltensweisen

Einsamkeit

In der Schule gilt Maik als Außenseiter und wurde lange Zeit als „Psycho" (S. 24) betitelt, weil er einmal im Deutschunterricht den Alkoholismus seiner Mutter zum Thema eines Aufsatzes gemacht und diesen dann vorgelesen hat. Das wenig schmeichelhafte Fremdbild wird noch weiter ins Negative gesteigert, als ein neuer, allseits beliebter Mitschüler namens André Langin ihm jegliche interessante Eigenschaften abspricht, ihn als „Langweiler" abstempelt und damit bewirkt, dass er gar nicht mehr auffällt (vgl. S. 35). Seit Maik heimlich in seine Mitschülerin Tatjana Cosic verliebt ist, macht ihm dies besonders zu schaffen, denn er bekommt keine Einladung zu ihrer groß angelegten Geburtstagsfeier, die am Beginn der Sommerferien stattfinden soll und für welche er bereits mit viel Mühe eine Zeichnung ihrer Lieblingssängerin Beyoncé erstellt hat.

Außenseiterrolle in der Schule

An seinen künstlerischen Fähigkeiten, die zur Erstellung der Zeichnung vonnöten sind, an den überdurchschnittlichen sportlichen Leistungen, aber auch an der Tatsache, dass Maik vielfach mehr weiß als viele seiner Mitschüler, was er allerdings aus Schamgefühlen oft nicht preisgibt (vgl. S. 34), lässt sich ableiten, dass es sich im Grunde um einen begabten und intelligenten Heranwachsenden mit großen Potenzialen handelt. Dafür sprechen auch seine gute Beob-

Intelligenz, Beobachtungsgabe und Reflexionsfähigkeit Maiks

achtungsgabe, seine Nachdenklichkeit und seine hohe Reflexionsfähigkeit, die es ihm erlauben, sein Umfeld und seine Erlebnisse sensibel wahrzunehmen und ironisch-kritisch zu kommentieren. Die Gedanken, die er sich über die Ehe seiner Eltern macht, zeugen beispielsweise davon, dass er trotz eigener Unerfahrenheit durchaus in der Lage ist, die Eheprobleme und die Handlungsmotive beider Elternteile zu durchschauen und zu hinterfragen (vgl. S. 70f.).

Angst vor Vergänglichkeit und Tod

Immer wieder zeigen sich Maiks Sensibilität und sein Tiefgang auch an seinen Gedanken an den Tod und an die Vergänglichkeit des Lebens. Diese werden beispielsweise durch den Anblick von „beige[n] Rentner[n]" (S. 117) oder durch Inschriften von inzwischen längst verstorbenen Menschen ausgelöst (vgl. S. 174) und deprimieren den Jungen zutiefst. Das Wissen um die Endlichkeit wird in gewisser Weise kontrastiert mit der Sehnsucht nach Unendlichkeit und Ewigkeit, die Maik bei der Betrachtung des Himmels besonders stark fühlt und die sich auch in seinem Wunsch manifestiert, die seine Freunde (Tschick und Isa) nach 50 Jahren wiederzutreffen (vgl. S. 175).

Geistige und emotionale Reifung durch Beobachtung und Erfahrung

Die Menschen und Begegnungen auf der Reise weiß Maik richtig einzuordnen und er ist daher in der Lage, anhand der eigenen Erfahrungen dazuzulernen. Seine insgesamt positive Entwicklung resultiert dabei nicht zuletzt aus seiner zunehmend wachsenden Urteilsfähigkeit, die als eine Begleiterscheinung seines Reifungsprozesses betrachtet werden kann. Ein wichtiges Indiz für seine Wandlung ist beispielsweise die veränderte Beziehung zu seinem Vater, dessen Meinung er anfangs noch unreflektiert nachspricht, dem er aber später, nach seiner Reise, trotz aller drohenden Sanktionen mutig und selbstbewusst widerspricht, weil er ihn in seiner Infantilität (Unreife), seinem Egoismus und seiner Lächerlichkeit durchschaut hat.

Erst seine Freundschaft zu dem neuen, fremd wirkenden Mitschüler Andrej Tschichatschow ermöglicht es Maik, aus seiner Rolle als Unmündiger und Außenseiter auszubrechen. Obwohl er diesen aufgrund seines unangepassten Verhaltens und seines offenbar geringen sozialen Status zunächst ablehnt, gelingt es Tschick, wie er von seinen Mitschülern der Einfachheit halber genannt wird, Maik aus der Reserve zu locken und ihn zu einer Reise in einem gestohlenen Auto zu überreden. Tschick, der in vielem das Gegenteil Maiks ist, repräsentiert dabei Eigenschaften, die Maik in sich noch nicht verwirklicht hat, nach denen er sich aber sehnt. Besonders Tschicks mutiges Draufgängertum und sein Hang zur Rebellion gegen soziale Normen veranlassen Maik einerseits zum Begehen von Straftaten, stellen aber andererseits auch einen Motor seiner Entwicklung und Entfaltung seiner Persönlichkeit dar. Tschick lockt Maik nicht nur äußerlich, sondern vor allem auch innerlich aus der Reserve, sodass dieser die Zurückhaltung aus Selbstschutz aufgibt und dem Freund nach gemeinsam erlebten Abenteuern seine geheimen Ängste preisgibt und im Gegenzug ein „Coming-out" Tschicks erlebt (vgl. S. 213f.).

Freundschaft zu Tschick als Motor der Entwicklung und Selbstfindung

Maik wird auf der gemeinsamen Reise zum Abenteurer, der nicht nur intensive Erfahrungen von bedingungsloser Freundschaft und Akzeptanz mit seinem in vielen Dingen ungewöhnlichen Gefährten macht, sondern daneben auch erste erotische Momente erlebt. Mit dem gleichaltrigen Mädchen Isa Schmidt, das die beiden auf einer Müllkippe kennenlernen, kommt es zu zaghaften Annäherungen nach einem Bad in einem See. Maik erweist sich dabei zwar als der Unerfahrenere, während Isa offensiv agiert und zu mehr bereit wäre, scheint aber dennoch einschätzen zu können, was für ihn im Moment richtig ist. Die Tatsache, dass neben Isa auch seine früher desinteressierte Angebetete Tatjana sich nach der Reise für ihn interessiert, zeugt davon, dass er sich von einem „Langweiler" zu einem durchaus interessanten jungen Mann entwickelt hat.

Erwachende Sexualität

Maiks (Benjamin Pauquet) Streben nach Autonomie und das Erlebnis von Freiheit, Staatsschauspiel Dresden

3. Sprachgebrauch und Sprachverhalten

Verwendung von Jugendsprache als Zeichen für Naivität und Unerfahrenheit

Maiks Sprache verrät viel über seine Art zu denken und sein Alter. Er bedient sich vielfach der Jugendsprache, was sich nicht nur in der Verwendung von jugendsprachlichen Ausdrücken wie z. B. „endbescheuert" (S. 236) oder „strahlkotzen" (S. 34), sondern auch in der Konstruktion von Sätzen zeigt. Angenähert an den mündlichen Sprachgebrauch wird beispielswiese häufig die Konjunktion „weil" von Maik fehlerhaft in den Satzbau eingeschoben (vgl. u. a. S. 33). Maiks Naivität spiegelt sich weiterhin in einer Sprache, in die unreflektiert Ausdrücke aus Filmen übernommen werden, um die erlebte Wirklichkeit zu beschreiben. Daran, dass Maik beispielsweise überlegt, ob er auf der Polizeiwache nach einem Anwalt verlangen soll, und spekuliert, ob er möglicherweise gefoltert wird, zeigt sich seine Unerfahrenheit, die beim Leser Komik und Sympathie erzeugt.

4. Zusammenfassende Bewertung

Maik Klingenberg wirkt zu Beginn zunächst aufgrund seiner Außenseiterrolle und seines vielfachen Scheiterns als ein typischer Antiheld. Im Laufe der Zeit jedoch, vor allem während seiner Reise, auf der er existenzielle Erfahrungen von Freundschaft, Solidarität, Vergänglichkeit und Liebe macht, entwickelt er sich mehr und mehr zu einem Abenteurer und zu einem Helden, als der er dann auch zumindest durch Gleichaltrige später erkannt wird. Während ihm auf dem Wege des zeitweiligen Ausstiegs aus der Gesellschaft ein Prozess der Selbstfindung gelingt, bleibt offen, ob ihm dies in der Folgezeit auch zu einer Integration in die Welt der Erwachsenen verhelfen wird.

Wandlung von einem Antihelden zu einem wirklichen Helden

Tschick/Andrej Tschichatschow

1. Personalien, sozialer Status und äußeres Erscheinungsbild

Andrej Tschichatschow, der in der Schule nur „Tschick" genannt wird, stammt nach eigenen Aussagen aus einer russlanddeutschen Familie mit rumänischen, jüdischen und „Zigeuner"-Einschlägen und kommt aus dem russischen Rostow. In Deutschland lebt er seit etwa vier Jahren in äußerster Armut, ohne Krankenversicherungsschutz und auf engem Wohnraum mit seinem Bruder, mit dem er bereits einige Straftaten verübt hat, und weiteren Verwandten zusammen. Die Familie ist von der Abschiebung durch deutsche Behörden bedroht, wozu es jedoch zunächst nicht kommt.

Deutsch-russische Familie

Tschick ist mittelgroß, hat ein äußerst markantes Gesicht mit hohen Wangenknochen und „statt Augen Schlitze" (S. 42), sodass sein fremd wirkendes Aussehen Maik an einen „Mongole[n]" (ebd.) erinnert. Er trägt Schuhe, die „aussahen wie tote Ratten" (ebd.) und die später durch weiße Adidas-Schuhe ersetzt werden, von denen sich die Mitschüler vorstellen, sie seien gestohlen worden (vgl. S. 48). Statt eines Rucksacks kommt er mit einer Aldi-Tüte in die Schule und wird darum von den Mitschülern schnell als „Asi" (S. 41) kategorisiert und abgelehnt.

Fremdheit und Rätselhaftigkeit Tschicks

2. Wesentliche Charaktereigenschaften und Verhaltensweisen

Er verhält sich gegenüber Mitschülern und Lehrern zumeist sehr zurückhaltend, wirkt jedoch, wenn er dann doch einmal aktiv handelt, mal komisch-unbeholfen, mal bedrohlich. So wird Maik beispielsweise Zeuge, wie Tschick ältere Oberstufen-Schüler, die ihn wiederholt beleidigt haben, mithilfe einer kurzen Bemerkung zum Schweigen bringt

Außenseiterposition in der Schule

(vgl. S. 49) und eine brechtsche Keuner-Geschichte dahingehend deutet, dass es darin um gleich mehrere Kapitalverbrechen geht (vgl. S. 55). Neben seinen sehr wechselhaften Leistungen fällt er auch dadurch auf, dass er wiederholt betrunken in den Unterricht kommt und dabei einmal sogar bewusstlos vom Stuhl fällt.

Offenheit und Lebensfreude

Erst in der Kommunikation mit Maik, die Tschick immer wieder sucht, werden hinter dieser geheimnisvollen und verschlossenen Fassade seine eigentlichen Charakterzüge offenbar. Vor allem seine überbordende und ansteckende Fröhlichkeit, die auch von Maiks zunächst abweisenden Reaktionen nicht erschüttert werden kann, ist es, die ihm schließlich doch die Sympathie des Erzählers und des Lesers einbringt. Tschicks originelle Einfälle – wie z.B. der, sich mittels ins Gesicht geklebten Isolierbands optisch beim Autofahren älter zu machen und dabei unfreiwillig an Hitler zu erinnern – tragen ein Übriges zur manchmal unfreiwilligen Komik dieser Figur bei.

Rolle als rätselhafter Lotse in eine andere Welt

Mit seinem Durchhaltevermögen, das er beispielsweise demonstriert, als er gleich mehrmals bei Maik – einmal auf einem völlig kaputten Fahrrad, einmal in einem gestohlenen Auto – auftaucht und versucht, Interesse zu wecken, schafft er es schließlich, den verschlossenen Mitschüler aus seinem Schneckenhaus zu locken. Damit, dass er Maik aus seiner engen, kleinen und bedrückenden Welt herausführt in eine Welt der Freiheit, der Grenzüberschreitungen, des Fantastischen, aber auch der Gefahren, übernimmt er für ihn die Rolle eines rätselhaften Lotsen und Begleiters.

Einfühlungsgabe und Tiefgang

Mit einer Einfühlungsgabe, die in gewissem Kontrast zu seiner derb-komischen Sprache steht, erkennt er an Maiks Porträt Beyoncés schnell dessen Verliebtheit in die Mitschülerin Tatjana und überredet ihn, uneingeladen mit dem gestohlenen Auto auf ihrer Party aufzutauchen, um Eindruck zu schinden. Auf der sich anschließenden gemeinsamen Reise mit Maik erweist er sich als ein humorvoller und verlässlicher Freund, der neben jedem Spaß und jeder gemeinsam durchlebten Gefahr auch zu Gesprächen mit Tiefgang fähig ist. Dabei schafft er es mehrfach, Maik über seine Selbstzweifel – beispielsweise bezogen auf seine mangelnde Wirkung auf Mädchen – hinwegzuhelfen, und wird auf diese Weise eine wichtige Stütze seiner Entwicklung.

Kameradschaftlichkeit und Solidarität

Tschicks Menschenkenntnis und die Fähigkeit, sich selbst zurückzunehmen, zeigen sich besonders in seinem kameradschaftlichen Verhalten Maik gegenüber. Obwohl sich herausstellt, dass er selbst homosexuell ist und möglicherweise Interesse an Maik hegt, bestärkt er diesen in seiner neu aufkeimenden Zuneigung zu Isa Schmidt, die beide auf einer Müllkippe kennenlernen, weil er spürt, dass sie die Richtige für seinen Freund sein könnte (vgl. S. 213f.). Mit einer Sprachtherapeutin, die ihm versehentlich einen Feuerlöscher auf den Fuß wirft und ihn damit schmerzhaft verletzt, ist er nur kurze Zeit später in ein begeistertes Gespräch über ihre berufliche Tätigkeit verwickelt und verschweigt

Tschick als Initiator von Maiks Entwicklungsprozess, Landestheater Tübingen

ihren unrühmlichen Part in der Geschichte vor Gericht, um sie nicht zu belasten. Ähnlich solidarisch verhält er sich Maik gegenüber, indem er alle Schuld auf sich nimmt und ihn dadurch zu entlasten versucht (vgl. S. 234f.), was angesichts der Tatsache, dass die Strafe für ihn aufgrund seiner Vorgeschichte weit schlimmer ausfallen könnte als für den zuvor unbescholtenen Maik, besonders erstaunlich ist.

3. Sprachgebrauch und Sprachverhalten

Anpassung der Sprache an situative Kontexte – hohe kommunikative Kompetenz

Als Schüler verhält sich Tschick weitgehend zurückhaltend, meldet sich freiwillig überhaupt nicht zu Wort und zeigt damit ein Sprachverhalten, das die Mitschüler nicht richtig deuten können und das somit zu seiner Rätselhaftigkeit beiträgt. Während er im Umgang mit Isa eine derbe, von Schimpfworten geprägte Fäkalsprache benutzt und damit sogar in den Augen des Gleichaltrigen Maik die Grenzen des guten Geschmacks überschreitet, zeigt er im Gespräch mit der Mutter von Friedemann seine Fähigkeit zu einer ausgesucht höflichen Ausdrucksweise und überrascht damit gleichermaßen Maik wie auch den Leser (vgl. S. 129; S. 151ff.). Die Fähigkeit, sein Gesprächsverhalten dem situativen Kontext anzupassen, zeugt von einer hohen kommunikativen Kompetenz, die sich beispielsweise auch in den Situationen manifestiert, in denen es um sensible Themen wie etwa das Trösten Maiks oder um sein eigenes „Coming-out“ als Homosexueller geht (vgl. S. 213f.).

4. Zusammenfassende Bewertung

Tschick als rätselhafter Abenteurer

Tschick tritt dem Leser als ein Typus entgegen, der in vielem das Ungewöhnliche, Rätselhafte und Fremde repräsentiert. Daneben ist er auch ein typischer Abenteurer, der die Grenzen, die ihm von der Gesellschaft aufgezwungen werden, nicht akzeptiert, und die er deshalb ständig überschreitet. Gerade dadurch, dass er damit derjenige ist, der Maik in eine andere Welt hinausführt, trägt er das Wesentliche zu dessen Befreiung und Entwicklung bei. Tschicks weiteres Schicksal bleibt im Dunkeln, was den Leser vor die Herausforderung stellt, diese Leerstelle für sich zu füllen.

Isa Schmidt

Die Jugendliche Isa Schmidt lernen Maik und Tschick auf einer Müllkippe kennen, wobei unklar bleibt, was sie dort gesucht hat. Isa wirkt äußerlich verwahrlost und verdreckt. Sie hat „schmale Augen, wulstige Lippen und eine platte Nase" (S. 150). Ihre Haare sind so verfilzt und ungepflegt, dass Tschick diagnostiziert: „Da leben Tiere drin" (S. 165), und Isa selbst will sich so dringend davon trennen, dass sie Maik nach einiger Zeit auffordert, die Haare abzuschneiden. Auch ihre Kleidung – sie trägt eine Army-Hose und ein „versifftes" (S. 150) T-Shirt – lässt vermuten, dass Isa möglicherweise über keinen festen Wohnsitz verfügt, zumindest aber, dass sie dort schon lange nicht mehr war. Dass sie so ausgehungert ist, dass sie sich an den Brombeeren, zu denen ihr die Jungen den Weg weisen, satt isst, unterstreicht diese Vermutung noch.

1. Personalien, sozialer Status und äußeres Erscheinungsbild

Heruntergekommenes Äußeres

Isa hat eine „tolle Figur" (S. 167) und ist offenbar auch sehr sportlich: Sie kann so schnell laufen und werfen, dass sie

Isa und ihre Geheimnisse, Stadttheater Klagenfurt

damit nicht nur den Jungen Respekt einflößt, sondern auch einen alten Mann, der sich bei dem Anblick ihres nackten Oberkörpers am See selbst befriedigt, in die Flucht treibt (vgl. S. 170).

Rätselhaftigkeit

Außer ihrer Kleidung trägt Isa nur eine Holzkiste mit sich herum, die ihr offenbar viel bedeutet und die, weil sie den Inhalt nicht preiszugeben bereit ist, zu ihrer Rätselhaftigkeit beiträgt. Auch über ihre Herkunft ist nichts Genaues bekannt. Zwar behauptet sie, eine „Halbschwester in Prag“ (S. 164) zu haben, doch die Jungen vermuten hinter dieser Aussage eine Lüge zur Steigerung ihrer Bereitschaft, sie mit dem Auto ein Stück mitzunehmen.

2. Wesentliche Charaktereigenschaften und Verhaltensweisen

Gegenmodell zu den üblichen Geschlechter-Klischees

Hinter Isas rauer Fassade kommt ein hilfsbereites Wesen zum Vorschein, welches mit einer praktischen Veranlagung und Geschicklichkeit gepaart ist. Was die beiden Jungen nicht schaffen, gelingt darum Isa, und so findet sie den gesuchten Schlauch auf der Müllkippe und kann die Technik des Ansaugens von Benzin, um diese zum Fließen zu bringen, anwenden (vgl. S. 162f.). Nicht nur darin widerspricht sie den Klischees des weiblichen Geschlechts und repräsentiert damit in gewisser Weise ein Gegenmodell.

Offenheit, Initiative und sexuelle Freizügigkeit

Außerdem übernimmt sie beispielsweise selbstbewusst die Initiative, wenn es darum geht, auf andere zuzugehen, und lässt Maik gegenüber auch schnell durchblicken, dass sie an ihm interessiert ist.

Auch ihr selbstverständlicher Umgang mit ihrem Körper, den sie nach einem Bad ohne jede Scham zeigt, ist für Maik ein Wesenszug, der ihn zunächst in große Verlegenheit bringt, zugleich aber auch fasziniert. Dass sie ihn im Anschluss an das Haareschneiden in einem Moment der Zweisamkeit direkt fragt, ob er „schon mal gefickt“ (S. 171) habe, zeigt ihre sexuelle Freizügigkeit. Gleichsam hat sie auch eine sensible und einfühlsame Seite, die sichtbar wird, als sie seine Unerfahrenheit bemerkt und ihm daraufhin vorschlägt, sie könnten „ja auch erst mal küssen“ (S. 172).

Isas Offenheit und ihr schier unaufhörlicher Redefluss bei der gemeinsamen Autofahrt stehen in einem Widerspruch zu dem, was sie wirklich über sich preisgibt, denn sie verrät den Jungen nichts über ihre Vergangenheit oder ihre zukünftigen Ziele. Dennoch scheint ihr an der gerade beginnenden Freundschaft mit den beiden Jungen, insbesondere mit Maik, gelegen zu sein, denn sie leistet auf dessen Vorschlag hin den Schwur, sich in 50 Jahren auf dem Berg wiederzutreffen, auf den sie gemeinsam geklettert sind.

Freundschaft und Gefühle für Maik

Isa verschwindet so plötzlich, wie sie aufgetaucht ist. Als sie an einem Parkplatz einen Bus sieht, verhandelt sie kurz mit dem Fahrer, leiht sich etwas Geld von Maik und schließt sich einer Reisegruppe an. Den Jungen erklärt sie ihr Verhalten damit, dass sie es mit ihnen nie schaffen werde, wobei diese noch immer nicht wissen, was sie damit eigentlich meint. Neuerlich zeigt sie ihren Sinn für Spontaneität, Überraschungen und ihren Pragmatismus, als sie, nachdem Maik darauf schon nicht mehr zu hoffen gewagt hat, ihm einen Brief in seine Schule zukommen lässt.

Spontaneität

Isa fällt zunächst einmal durch eine sehr derbe, von Fäkalausdrücken geprägte und vulgäre Sprache auf, mit der sie Tschick und Maik auf der Müllkippe förmlich überfällt. Man kann vermuten, dass die Sprache auf ihr raues Leben, das sich offenbar vor allem auf der Straße abspielt, verweist. Bei näherem Hinsehen und Kennenlernen ist Isa jedoch auch durchaus in der Lage, sehr unterhaltsam „unaufhörlich" zu quasseln (S. 164), wobei sich erweist, dass es sich bei ihr um ein aufgewecktes und intelligentes Mädchen handelt. Dafür spricht auch, dass sie in der Lage ist, den Jungen beim Benzinstehlen das Prinzip der kommunizierenden Röhren zu erklären und es auch folgerichtig anzuwenden.

3. Sprachgebrauch und Sprachverhalten

Isa ist vor allem eine rätselhafte Figur, die weder Maik noch der Leser ganz durchschaut. Durch ihre Präsenz wird aus der Jungenfreundschaft zwischen Tschick und Maik plötz-

4. Zusammenfassende Bewertung

Isa als rätselhafte Figur

lich eine spannungsvolle Dreiecksbeziehung voller Dynamik und Überraschungsmomente. In ihrer großen Freiheit und Offenheit ist Isa diejenige, die Maik erste Momente der Zärtlichkeit gewährt, welche wichtige Erfahrungen für seinen Reifungsprozess von einem Kind zu einem zunehmend mündigen Heranwachsenden darstellen. Dabei repräsentiert sie in ihrer Ungewöhnlichkeit einen Gegentypus zu Tatjana Cosic, dem Mädchen, für das Maik zuvor geschwärmt hat, und gewinnt damit zuletzt nicht nur die Sympathien Tschicks, sondern auch die des Lesers.

Die Nebenfiguren

Frau Klingenberg (Maiks Mutter)

1. Personalien, sozialer Status und äußeres Erscheinungsbild

Maiks Mutter, Frau Klingenberg, wird dem Leser weder mit ihrem Vornamen vorgestellt noch erfährt er etwas über ihren beruflichen Werdegang. Die Angaben über ihren bisherigen Lebenswandel, ihre Hobbys und ihr Aussehen lassen aber vermuten, dass sie an der Seite ihres Mannes – des ehemals erfolgreichen Immobilienmaklers – nicht berufstätig ist. Maik erinnert sich daran, dass sie viel Zeit auf dem Tennisplatz verbracht hat, wo sie nicht nur ihr sportliches Können unter Beweis gestellt, sondern auch viele Nachmittage gemeinsam mit anderen Gutbetuchten an der Bar verbracht hat, während sie ihren Sohn unter dem Tisch mit Autos hat spielen lassen (vgl. S. 27).

Einst gute Sportlerin

2. Wesentliche Charaktereigenschaften und Verhaltensweisen

Ihre körperliche Fitness hat jedoch mit der Zeit unter ihrer sich zunehmend verstärkenden Alkoholsucht gelitten, die zum Zeitpunkt der einsetzenden Handlung eine so große Rolle in ihrem Leben spielt, dass daneben nur wenig anderes Platz hat. Maiks Mutter fühlt sich in der Ehe mit ihrem Mann unglücklich und es kommt sehr häufig zum Streit. Dabei mögen einerseits ihre Wertvorstellungen und andererseits ihr Alkoholismus eine Rolle spielen. Anders als Herrn

Alkoholsucht als Hauptmerkmal

Klingenberg ist Maiks Mutter die Meinung anderer Menschen gleichgültig, und darum geht sie auch selbstironisch und sehr offen mit ihrer Sucht um, wenn sie beispielsweise im Tennisclub erzählt, sie werde einige Wochen auf einer „Beautyfarm" (S. 28) verbringen, dann aber offenbart, dass sich hinter diesem Begriff eine Entzugsklinik verbirgt.

Fähigkeit zur Selbstironie und zum Humor

Dass die Krankheit jedoch vielfach auch sehr belastende Situationen mit sich bringt, wird von Maik, der seine Mutter sehr mag, nur nebenbei erwähnt. Der Leser kann sich aber trotz der Versuche Maiks, seine Mutter in einem guten Licht erscheinen zu lassen, vorstellen, dass es für alle schockierend sein muss, wenn die Mutter volltrunken und mit einem Messer bewaffnet durch die Wohnung läuft und der Vater daraufhin beschließt, dass sie einmal mehr eine offensichtlich nur kurzfristig erfolgreiche Entziehungskur machen muss (vgl. S. 27).

Indirekt erzählte Eskalation

Frau Klingenberg versucht angesichts ihrer unglücklichen Ehe und ihrer Sucht gar nicht erst, ihrem Sohn etwas vorzumachen, und agiert auch nur selten erzieherisch, weil sie glaubt, ihr Sohn könne ohnehin von ihr nicht viel lernen. Wenn sie es jedoch dennoch tut, dann sind ihre Ermahnungen durchaus von einiger Relevanz und helfen Maik tatsächlich weiter. So enthalten ihre Maximen, man könne über alles reden und es sei „scheißegal" (S. 28), was die anderen Leute denken, eine Botschaft, die Maik erst am Ende seiner Reise, nachdem er – die Erwartungen anderer hinter sich lassend – zu sich selbst gefunden hat, nachvollziehen kann.

Wenige, aber wichtige Erziehungsbotschaften

Maik versteht zunächst nicht, warum sich die Eltern nicht trennen, sondern sich lieber weiter anschreien, glaubt dann jedoch herausgefunden zu haben, dass sie gern unglücklich sind. Erst als Maiks Vater vor Beginn des Prozesses seinen Sohn verprügelt und eine neue Wohnung mit seiner Geliebten aussucht, werden die tiefen Risse in der Fassade bürgerlicher Normalität offenbar. Betrunken wirft Frau Klingenberg schließlich aus Wut Einrichtungsgegenstände

Scheitern der Ehe und Rebellion gegen bürgerliche Normvorstellungen

in den Pool, bevor sie selbst hineinspringt und mit ihrem Sohn förmlich eine Weile „untertaucht“ und sich hiermit allen Anforderungen auf Normalität entzieht. Nach dem Scheitern der Ehe und der bürgerlichen Vorstellung von Familie scheint es für sie notwendig zu sein, sich der materiellen Dinge zu entledigen und sich auf diese Weise von den verkrusteten und bedrückenden Strukturen zu befreien. In dieser symbolisch aufgeladenen Situation, die auf ein Zerbrechen, aber auch auf ein vielleicht heilsames Aufbrechen hinweist, formuliert sie noch eine weitere Erkenntnis, die sie möglicherweise auch selbst gerade erst gewinnt: „Das [Materielle] ist alles egal. Was nicht egal ist: Bist du glücklich damit? Das. Und nur das“ (S. 251).

3. Sprachgebrauch und Sprachverhalten

Hilflosigkeit, aber auch Humor

Frau Klingenberg spricht wenig, was nicht zuletzt auch ihrer Alkoholsucht geschuldet ist. In vielen Situationen und besonders in Gegenwart ihres dominanten Mannes ist sie eher sprach- und aufgrund ihrer Trunkenheit auch hilflos. So ist sie beispielsweise kaum zu mehr als einem „Ach Gott, ach Gott“ (S. 230) in der Lage, als Josef Klingenberg Maik verprügelt. In besseren Momenten zeugt ihre Ausdrucksweise aber auch von ihrem Humor und der Jugendlichkeit, die sie sich bewahrt hat. Ihre Idee, die Entzugsklinik mit dem Euphemismus „Beautyfarm“ (S. 28) zu tarnen, zeugt von einer gewissen Leichtigkeit und die knappen, pointierten Formulierungen ihrer Lebensweisheiten sind für den jugendlichen Maik sofort einleuchtend (vgl. S. 28).

4. Zusammenfassende Bewertung

Die Mutter als insgesamt positive Figur

Trotz ihrer Suchtproblematik stellt Frau Klingenberg für den Erzähler insgesamt eine positive Figur dar, die durchaus etwas Wichtiges zu sagen hat, das jedoch aufgrund ihrer Sucht nur am Rande zur Geltung kommen kann. Die große Bedeutung, die sie für Maik hat, zeigt sich zuletzt auch in ihrer Anwesenheit in der Schlussszene, in welcher sie durch ihre rebellische, befreiende Haltung Maik einen Moment des Abtauchens und des Glückes ermöglicht.

Josef Klingenberg (Maiks Vater)

1. Personalien, sozialer Status und äußeres Erscheinungsbild

Josef Klingenberg arbeitet in der Immobilienbranche und scheint beruflich zunächst sehr erfolgreich gewesen zu sein, wovon der Wohlstand der Familie zeugt. Die Klingenbergs können sich ein großes Haus mit einem Pool im Garten und zwei ausländische Hausangestellte leisten. Der Leser erfährt nicht viel über sein Äußeres und über seine Hobbys, außer dass er wie seine Frau Tennis spielt, dabei allerdings nicht so erfolgreich ist wie sie (vgl. S. 27).

2. Wesentliche Charaktereigenschaften und Verhaltensweisen

Sinkender beruflicher Erfolg

Das Leben im Luxus, das er sich und seiner Familie ermöglicht und auf das er sehr stolz ist, ist allerdings stark bedroht: Ein gescheitertes Bauprojekt stellt den beruflichen Erfolg Josef Klingenbergs in hohem Maße infrage. Gegen die Bebauung der Fläche haben Naturschützer nach zähem Prozessieren erfolgreich Einspruch erhoben. Herr Klingenberg hat sich gezwungen gesehen, seinen Teil der Grundstücke zu verkaufen, und sich überdies anschließend mit dem noch verbleibenden Geld an der Börse verspekuliert. Aus dem Verhalten, das er in beruflicher Hinsicht an den Tag legt, lassen sich wichtige Charaktereigenschaften ableiten.

Geltungssucht

So ist ihm zunächst einmal sein gesellschaftliches Ansehen nach außen hin besonders wichtig: Er legt großen Wert darauf, von Menschen umgeben und geachtet zu werden, die gesellschaftlich angesehene Ämter und Positionen bekleiden und wohlhabend sind. So bezeichnet er beispielsweise Herrn Langin, der nicht nur ein großes Haus besitzt und seinen Reichtum damit demonstriert, sondern auch als Politiker öffentliche Beachtung erfährt, als „große[n] Mann" (S. 34). Für seine Geltungssucht spricht auch, dass er, als sein Sohn gegen Gesetze verstoßen hat und diesem eine Gerichtsverhandlung bevorsteht, sich damit brüstet, mit dem eigenen Haus und Pool den Sachverständigen vom Jugendamt beeindruckt zu haben und zudem Personen mit großem öffentlichen Einfluss zu kennen und auf sie in seinem Sinne Einfluss nehmen zu können (vgl. S. 229).

Verantwortungslosigkeit

Der sich ankündigende berufliche Misserfolg liegt unter anderem in der mangelnden Geduld und der Verantwortungslosigkeit Josef Klingenbergs begründet. So erfährt der Leser beispielsweise, dass er sich in keiner Weise mit den Argumenten seiner Gegner vor Gericht, den Naturschützern, befasst und sich damit auch weigert, die ökologischen Probleme im Zusammenhang mit seinem Bauvorhaben zu beachten. Stattdessen wertet er Personen, die andere Interessen verfolgen, unreflektiert und menschenverachtend beispielsweise als „Ökofaschisten“ oder als „Wichser“ (S. 65 f.) ab und offenbart damit seine einseitige Sichtweise. Seinen eigenen Anteil an der drohenden finanziellen Misere will er nicht wahrhaben. Der Leser aber kann schlussfolgern, dass nicht nur der Prozess mit den Naturschützern, sondern vor allem der überstürzte Verkauf der Anteile an dem Bauland und der darauf folgende Kauf von hoch risikoreichen Aktien den Niedergang beschleunigt haben und somit Josef Klingenberg an seinem Ruin einen höheren Anteil hat, als er sich eingesteht.

Weltbild geprägt von Sturheit

Nicht nur im beruflichen, sondern auch im privaten Leben ist im Falle Josef Klingenbergs eine große Diskrepanz zwischen äußerem Schein und Wahrheit zu erkennen. Während er nach außen die Rolle eines treusorgenden Familienvaters spielt und auch tatsächlich zu glauben scheint, er habe seinem Sohn gute Entwicklungschancen ermöglicht (vgl. S. 229 f.), ist seine Beziehung zu seiner Frau und seinem Sohn tief zerrüttet. Die Kommunikation zwischen den Eheleuten besteht nach den Aussagen Maiks nur aus Streitigkeiten, und Josef Klingenberg hat – offenbar schon seit längerer Zeit – eine Geliebte, von deren Existenz sowohl die Frau als auch der Sohn Kenntnis haben.

Zerrüttete Ehe

Schlechtes Vorbild für seinen Sohn

In der Darstellung Maiks ist sein Vater selten da und tritt vor allem dann in Erscheinung, wenn es darum geht, seinem

Sohn Unangenehmes mitzuteilen oder ihm etwas wegzunehmen, was ihm viel bedeutet. So erinnert sich Maik beispielsweise daran, dass er ihm aufgrund einer Katzenallergie auch die haarlosen Haustiere wie z. B. eine Schildkröte weggenommen hat (vgl. S. 69). An dieser wie auch an anderer Stelle wird überdies deutlich, dass Josef Klingenberg rücksichtslos gemäß den eigenen Interessen handelt und weder erkennt noch berücksichtigt, dass sein Sohn ihn in vielem durchschaut. Für ihn scheint sein minderjähriger Spross kein Mensch mit eigenen Rechten, Bedürfnissen und Fähigkeiten zu sein, sondern ein Objekt, das er manipulieren kann. Indem er ihn zunächst, während seine Frau eine Entziehungskur macht, vierzehn Tage allein lässt, um mit seiner Geliebten Urlaub zu machen, und ihn später, als deutlich wird, was Maik in dieser Zeit gemeinsam mit Tschick getan hat, anschreit und verprügelt, offenbaren sich seine Gewaltbereitschaft und letztlich auch seine Hilflosigkeit. Mit dem inzwischen gereiften und ihm widersprechenden Sohn kann er, der in diesem nur das zu allem unfähige Kind sieht, nichts anfangen. Folgerichtig sucht er denn auch nach den Geschehnissen das Weite und überlässt die Familie ihrem Schicksal.

Unfähigkeit zu einer echten Vater-Sohn-Beziehung

Gewaltbereitschaft

Sein cholerisches und aufbrausendes Wesen bricht sich vor allem in seinem Umgang mit den Straftaten seines Sohnes Bahn. Während er jeden Widerspruch vonseiten Maiks sofort mit Gewaltausbrüchen bestraft, versucht er ihn zugleich, manipulativ gefügig zu machen. Indem er ihm weiszumachen versucht, dass er vor Gericht mit einer geringeren Strafe zu rechnen hätte, wenn er alle Schuld auf Tschick schöbe, zeigt er einmal mehr, dass es ihm nicht auf die Wahrheit, sondern auf den eigenen Vorteil ankommt. Dass er dabei andere massiv schädigt, nimmt er nicht nur in Kauf, sondern würde es sogar begrüßen, wenn es gelänge, Tschick und seine Familie so weit zu schädigen, dass diese abgeschoben würden. Als Maik darauf besteht, die

Choleriker und Lügner

Wahrheit zu sagen, schlägt und tritt er seinen Sohn in blinder Wut. Ungefragt mischt er sich während der Gerichtsverhandlung ein, um doch noch seinen Willen durchzusetzen. Angesichts seines unerträglichen Verhaltens fühlt der Leser so etwas wie Genugtuung, als ihm schließlich ganz entgegen seiner Erwartung im laufenden Gerichtsprozess ein Spiegel der desolaten sozialen Situation in seiner Familie vorgehalten wird und er somit von höherer Warte auf seine Fehler und Schwächen gestoßen wird.

3. Sprachgebrauch und Sprachverhalten

Das Zerstörerische und der Egoismus Josef Klingenbergs äußern sich in einer menschenverachtenden, rohen und vulgären Sprache. Dabei verwendet er entsprechend seiner Tendenz zum Schwarz-Weiß-Denken Auf- und Abwertungsstrategien, um seine Gegner schlechtzumachen und um sich selbst in einem besseren Licht zu präsentieren.

Dominanz von vulgären, gewaltbereiten Phrasen

Die Verachtung gegenüber sozial Benachteiligten wie beispielsweise Tschick und seiner Familie zeigt sich in Aussagen, wonach Maiks „asiger Russe […] in seiner Sieben-Quadratmeter-Scheiße [wohnt], wo er auch hingehört“, während sein Sohn in seinen Augen ein „Idiot“ (S. 229) ist, weil er sich auf die Reise mit Tschick eingelassen hat. Die Rohheit seiner

Josef Klingenberg (Neven Nöthig) als Choleriker und Gewalttäter (Till Beckmann als Maik, Regie führte Frank Hörner), Theater Kohlenpott

Sprache weist auf seine mangelnde kommunikative Kompetenz sowie auf seine Unfähigkeit zur argumentativen Auseinandersetzung hin.

Zusammenfassend lässt sich Josef Klingenberg als eine Person charakterisieren, die, gerade weil sie mit aller Macht auf soziale Achtung und auf Prestige bedacht ist, in Wahrheit vieles zerstört und somit scheitert. Während die gebrochenen Charaktere wie etwa seine Frau in ihrem Alkoholismus noch Sympathien des Lesers gewinnen, ist er eine reine Negativfigur, weil er die Welt repräsentiert, gegen die sein Sohn, Tschick und im Grunde zuletzt auch seine eigene Frau rebellieren: Es ist die Welt derer, die im Herzen – wie Maik ironisch bemerkt – ihren „hundertsiebzigsten Geburtstag" (S. 227) bereits gefeiert zu haben scheinen, weil sie den jugendtypischen Humor sowie die Freiheits- und Wahrheitsliebe in sich aufgegeben haben, nur um Reichtum und soziales Ansehen zu erlangen.

4. Zusammenfassende Bewertung

Josef Klingenberg als reine Negativfigur und als Verkörperung dessen, wogegen Maik rebelliert

Die Lehrer am Gymnasium

Schürmann (Deutsch, 6. Klasse), Wagenbach (Geschichte), Wolkow (Sport), Strahl (Mathe), Kaltwasser (Deutsch)

Die Erfahrungen, die Maik und Tschick in der Schule machen, sind wesentlich durch verschiedene Lehrerpersönlichkeiten geprägt, deren Darstellung in manchen Fällen mittels ironischer Überzeichnung eine grundsätzliche Kritik an Schule und Unterricht enthält. Von ihnen heben sich einige positiv gezeichnete Pädagogen wie etwa der einstige Grundschullehrer und Erfinder eines speziellen Bumerangs, die Sprachtherapeutin sowie der Richter Herr Burgmüller kontrastiv ab.

Darstellung der Lehrerpersönlichkeiten als Möglichkeit, indirekt Kritik zu üben

Als Negativbeispiel eines Pädagogen kann der ehemalige Deutschlehrer Herr Schürmann gelten. In der Klasse ver-

Schürmann als antiautoritärer, gescheiterter Pädagoge

schafft er sich zumeist kein Gehör, sodass die Schüler ungeniert ihre Handys ertönen lassen, ohne eine Sanktion befürchten zu müssen. Seine entsetzte Reaktion auf eine Reizwortgeschichte Maiks über die Erfahrungen seiner Mutter in der Entzugsklinik zeugen überdies von mangelnder Empathie. In seinem Unverständnis für die darin zum Ausdruck kommenden familiären Probleme einerseits und für die selbstironische Art der Klingenbergs, damit zu leben, andererseits beharrt er auf seinem Negativurteil über Maiks Aufsatz, ohne diesem die Gründe erklären zu können. Statt seine Bedenken an dem Text argumentativ einsichtig zu machen, wertet er den Inhalt, der für Maik Realität ist, durch aggressive Beschimpfungen ab. Maik kann danach nur verwirrt zurückbleiben.

Wagenbach als autoritärer, zynischer Machtmensch

Ambivalent fällt das Porträt des Geschichtslehrers Wagenbach aus. Er wird einerseits als ein Machtmensch beschrieben, der Spaß daran findet, die Jugendlichen zu demütigen und zu verspotten. Angesichts seiner Freude daran, die in Briefchen und in SMS geäußerten Angelegenheiten und Sehnsüchte seiner Schüler vor der gesamten Klasse karikierend vorzutragen, vermutet Maik, er habe Schauspieler werden wollen, es habe aber „nur zum Arschloch gereicht“ (S. 241). Andererseits hält ihn Maik auch für „nicht dumm“ (S. 41), weshalb sein Unterricht „okay“ (ebd.) ist und von den Schülern immer mit einer Mischung aus Angst und Interesse konzentriert verfolgt wird.

Der Bildungsweg Tschicks von der Förderschule zum Gymnasium beeindruckt Wagenbach und er verhält sich trotz seiner Verschlossenheit ihm gegenüber freundlich.

Wolkow als naiv-dümmlicher Fußballfan

Der Sportlehrer Wolkow wird dagegen eher als ein harmloser, fußballbegeisterter Sonderling dargestellt, der seine Schüler kilometerweit joggen lässt. Dabei teilt er ihnen seine Bundesligaprognosen mit.

Strahl zeigt Verantwortungsbewusstsein

Vom Mathematiklehrer Strahl erfährt der Leser, dass er in Maiks Augen „endgestört“ (S. 50) ist und so gut wie niemals sehr gute Noten verteilt. Allerdings reagiert er angesichts einer verweigerten Leistung bei der Überprüfung ehrlich besorgt um Tschicks Aussichten, sich an der Schule zu halten, und bittet ihn, sich von einem Mitschüler helfen zu lassen. Auch sein Lob als Reaktion auf bessere Leistungen und sein Versuch, den neuen Schüler zu integrieren, zeugen von Verantwortungsbewusstsein, zumal dieser ihm einmal betrunken vor die Füße gefallen ist.

Kaltwasser als reservierter, fachlich kompetenter Lehrer

Der aktuelle Deutschlehrer Kaltwasser ist für Maik am wenigsten durchschaubar. Über ihn wissen die Schüler wenig, zumal er sich aller Bemerkungen enthält, die über den Unterricht hinausgehen. Bei ihm geht es in den Stunden „superkorrekt" (S. 53) zu, wovon auch seine abwartende Reaktion auf eine sehr eigenwillige Brecht-Interpretation Tschicks (vgl. S. 55) zeugt.

Schlechtes Zeugnis für Berufspädagogen

Für Maik sind es daher nicht seine Lehrer am Gymnasium, die ihm Wichtiges vermitteln, sondern andere Menschen. Insbesondere Tschick, seine Reisebegegnungen und zuletzt der Richter Burgmüller vermitteln dem Heranwachsenden Einsichten, die ihn verändern, oder geben Ratschläge, die er annehmen kann.

Die Begegnungen auf der Reise

Horst Fricke

1. Personalien, sozialer Status und äußeres Erscheinungsbild

Maik und Tschick lernen Horst Fricke insofern unter sehr ungewöhnlichen Umständen kennen, als dieser zur Abwehr der Eindringlinge auf sie schießt. Er wohnt in einer heruntergekommenen Hütte in einer verlassenen Siedlung nahe einem stillgelegten Braunkohlebergwerk. Über sein derzeitiges Äußeres erfährt der Leser nur, dass er alt ist. Eine Fotografie von früher, aus der Zeit des Nationalsozialismus, aber zeigt ihn als einen „hübschen jungen Mann in Uniform, der einigermaßen trotzig in die Gegend guckte" (S. 185). Das

Ehemaliger Soldat wider Willen

Foto sowie die Erzählungen dazu verweisen schließlich auf seine damalige Tätigkeit als Soldat und als Scharfschütze im Kampf gegen die sowjetische Armee im Zweiten Weltkrieg, die er allerdings gezwungenermaßen ausgeführt hat, nachdem man ihn als „Ultrakommunisten“ (S. 186) entlarvt und seine damalige Freundin ermordet hatte.

2. Wesentliche Charaktereigenschaften und Verhaltensweisen

Leben in der Erinnerung an frühere Zeiten

Horst Fricke scheint sein derzeitiges Leben aufgrund seines Alters zu verabscheuen, denn er redet mit seinen jungen Gästen vor allem über den „Alabasterkörper der Jugend“ (S. 185) und verliert sich anschließend in den Erzählungen über seine Vergangenheit. Eine besondere Rolle darin hat sein „Mädel“ (S. 185) gespielt, welches nach seiner Aussage aufgrund ihrer politischen Haltung von den Nationalsozialisten ermordet wurde.

Nihilistische Weltanschauung als Resultat der eigenen Lebenserfahrung

Er selbst sei im Strafbataillon eingesetzt worden und habe – obgleich selbst dem Kommunismus nahestehend – gegen Angehörigen der sowjetischen Armee kämpfen müssen. Im Kampf, der nach dem Motto „Die oder ich“ (S. 187) geführt worden sei, habe es keinen Platz für moralische Fragen gegeben. Das Abstumpfen und die Unempfindlichkeit scheint Horst Fricke als eine Art Souvenir aus dem Krieg bis in die Gegenwart mitgenommen zu haben, denn er hat keine Hemmungen, vor Tschick seine Rolle beim Töten der „Scheißrussen“ (S. 186) in den buntesten Farben auszumalen. Auf der anderen Seite bietet er den Jungen sogleich fürsorglich eine Limonade an, fragt sie nach ihren Liebeserfahrungen und überreicht ihnen zuletzt ein geheimnisvolles Fläschchen mit unbekanntem Inhalt. Sein Fazit aus seiner abenteuerlichen und absurden Geschichte ist eine nihilistische[1] Grundhaltung zum Leben: „Alles sinnlos. Auch die Liebe. Carpe diem“ (S. 188).

Fazit: „Carpe diem“

3. Sprachgebrauch und Sprachverhalten

Horst Fricke spricht vor allem in langen Monologen, wenn es um die Darstellung seiner Vergangenheit geht, wobei

[1] Vgl. Fußnote 1 auf S. 82.

deutlich wird, dass er sich dabei seinen Adressaten gegenüber wenig einfühlsam verhält. Zwar stellt er ihnen einige Fragen, vor allem zum Thema Liebe, geht dann aber nicht lange auf deren Antworten ein, sondern beginnt erneut zu monologisieren. Sein Sprachverhalten verweist dabei auf die Fixierung auf sich selbst und die Vergangenheit.

4. Zusammenfassende Bewertung

Insgesamt stellt diese Reisebekanntschaft keinen einseitig negativen Charaktertypus dar, sondern eher einen alten Mann, der über dem Wahnsinn der Weltgeschichte selbst verrückt geworden ist.

Die Sprachtherapeutin

1. Personalien, sozialer Status und äußeres Erscheinungsbild

Die namentlich nicht näher bekannte Sprachtherapeutin begegnet den Jungen, nachdem diese mit dem gestohlenen Lada eine Böschung hinuntergefahren sind, sich mehrmals überschlagen haben und schließlich aus dem Auto, das auf dem Dach gelandet ist, herausgeklettert sind. Angesichts ihrer Körperstatur und im Zustand der Verwirrung glaubt Maik zunächst, ein „Flusspferd" (S. 190f.) breche sich durch das Unterholz Bahn, bemerkt dann aber schnell, dass es sich um eine etwas übereifrige Helferin mit einem Feuerlöscher in der Hand handelt.

„Flusspferd"

2. Wesentliche Charaktereigenschaften und Verhaltensweisen

Die Sprachtherapeutin fällt sogleich durch ihren Aktionismus, mit dem sie den potenziell Verletzten zur Hilfe eilen will, auf. Dieser korrespondiert in gewisser Weise jedoch mit einer Fehleinschätzung der Lage, was eine komische Wirkung erzeugt. So muss der Leser beispielsweise schmunzeln, als sie den Feuerlöscher die ganze Zeit, in der sie sich ein Bild der Lage verschafft, hochhält, obwohl gar nichts brennt, und ihn dann vor Schreck fallen lässt, als sie hört, dass die Jungen das Auto selbst gefahren haben.

Tollpatschiger, aber hilfsbereiter Aktionismus

Hilfsbereitschaft und Entschlossenheit

Ihre Entschlossenheit, den begangenen Fehler wiedergutzumachen, zeigt sich daran, dass sie Tschick einfach auf ihre Arme hebt und ihn in ihr Auto setzt, um ihn umgehend ins Krankenhaus zu bringen. Auch auf ihrer sich anschließenden gemeinsamen Fahrt, welche sie gefolgt von der Polizeistreife antreten, erweist sich die Frau als überaus freundlich und humorvoll. Dass sie dabei nicht nur unglaublich rasant fährt, sondern auch diverse Verkehrsregeln missachtet, zeugt von ihrer Bereitschaft zur Übertretung von Regeln, wenn dies jemandem nützt. Ihren Beruf übt sie mit einer solchen Leidenschaft aus, dass sie Tschick sogleich, nachdem sie sein Interesse bemerkt hat, in logopädische Übungen verwickelt und ihm zeigen will, wie er seine Stimme verbessern kann. Als sie im Krankenhaus erfährt, dass er nicht versichert ist, ist sie sofort bereit, die Rechnung zu begleichen, und harrt noch stundenlang bei den beiden aus, weil Tschick nicht sofort behandelt werden kann. Ihr Verhalten ist ein Indikator für ihr großes Verantwortungsbewusstsein und ihre soziale Fähigkeit.

Begeisterte Logopädin

3. Sprachgebrauch und Sprachverhalten

Die Sprachtherapeutin ist schon aufgrund ihres Berufes sehr kommunikativ. In der beruflichen Rolle, die sie so-

Begeisterungsfähigkeit der Sprachtherapeutin – rasante Autofahrt und kostenlose Übungen für den verletzten Tschick, Landestheater Tübingen

gleich einnimmt, als sie spürt, wie sie Tschick damit begeistert und von seinen Schmerzen ablenkt, absolviert sie sofort und ohne jede Hemmung sprachtherapeutische Übungen. Diese wirken zunächst einmal auf das Umfeld seltsam, Tschick lässt sich jedoch bereitwillig darauf ein. Obwohl es ihr missfällt, dass es sich bei den beiden Ausreißern um Autodiebe handelt, verhält sie sich äußerst verständnisvoll und muss bei der Erzählung über einige Episoden der Fahrt wie ein junges Mädchen kichern. Dass sie im Herzen jung geblieben ist, zeigt sich auch an ihren humorvollen Kommentaren über ihre eigene Körperfülle (vgl. S. 194f.) und ihrem Abschiedsgruß an Maik und Tschick: „Ihr seht aus wie Kartoffeln." (S. 201)

Humorvolle, kommunikative Art

Ihre Art, mit ihrer hohen Stimme zu lachen, verrät, dass sie sich ihre Jugendlichkeit bewahrt hat, während sie jedoch an anderen Stellen ganz erwachsen und verantwortungsbewusst agiert.

Maik fällt im Rückblick auf die gemeinsam verbrachte Zeit ein überaus positives Urteil über die Sprachtherapeutin, von der er behauptet, sie sei „die Netteste von allen" (S. 201). Aus Dankbarkeit und Respekt ihr gegenüber verschweigen deshalb auch beide Delinquenten vor Gericht ihre Rolle bei ihrer Flucht vor der Polizei, ohne sich zuvor darüber verständigt zu haben. Die Sprachtherapeutin verkörpert die Werte, die Maik veranlassen, ein neues, optimistisches Menschenbild zu entwickeln. Damit darf sie als die wohl positivste Figur unter den Erwachsenen angesehen werden.

4. Zusammenfassende Bewertung

Die Sprachtherapeutin als positiv gestaltete Figur

Der Blick auf den Text: Die Textanalyse

Einen Textauszug analysieren – Tipps und Techniken

Für die Analyse eines Textauszugs stehen grundsätzlich zwei verschiedene Methoden zur Auswahl: die Linearanalyse und die aspektgeleitete Analyse.

In der **Linearanalyse** werden die einzelnen Abschnitte systematisch, das heißt ihrer Reihenfolge nach, analysiert. Dies führt in der Regel zu genauen und detaillierten Interpretationsergebnissen. Allerdings besteht dabei die Gefahr, dass die übergeordneten Deutungsschwerpunkte des Auszugs aus dem Blick geraten.

In der **aspektgeleiteten Analyse** werden diese Deutungsschwerpunkte von vornherein festgelegt. Daraus ergibt sich in der Regel eine problemorientierte und zielgerichtete Vorgehensweise. Die Deutungsaspekte, welche nicht im Fokus des Interesses stehen, werden jedoch vernachlässigt.

Aufbauschema

1. **Einleitung:**
   Themensatz: Autor, Titel, Textsorte, Erscheinungsjahr, Thema, kurze Inhaltsangabe

↓

2. **Einordnung des Textauszugs in den Roman:**
   Was geschieht vorher, was nachher?

Linearanalyse

3. **Inhaltlicher Aufbau:**
   kurze Darstellung der Textabschnitte

↓

4. **Beschreibung und Deutung der unter 3. angegebenen Textabschnitte:**
   - Aussagen zum Inhalt des Abschnitts
   - Aussagen zur Deutung, Einbettung in den Zusammenhang des Romans
   - Einbezug der sprachlichen Gestaltung
   - Überleitung zum nächsten Textabschnitt

aspektgeleitete Analyse

3. **Untersuchungsschwerpunkte:**
   Beschreibung der ausgewählten Schwerpunkte

↓

4. **Beschreibung und Deutung der unter 3. angegebenen Schwerpunkte:**
   - Benennen des jeweiligen Aspekts
   - Aussagen zur Deutung, Einbettung in den Zusammenhang des Romans
   - Einbezug der sprachlichen Gestaltung

5. **Schluss:**
   - Zusammenfassung der Ergebnisse
   - Einordnung in einen größeren Deutungszusammenhang
   - Bewertung

Beispiel für eine Linearanalyse: Auseinandersetzung zwischen Maik und seinem Vater

***Aufgabe:** Analysieren Sie das Kapitel 45. Berücksichtigen Sie dabei vor allem die Beziehung zwischen den dargestellten Figuren und erläutern Sie die Bedeutung, die dieses Zusammentreffen für die Entwicklung des Erzählers sowie den Fortgang der Handlung hat.*

Einleitung

In dem Adoleszenzroman „Tschick“ von Wolfgang Herrndorf (2010) geht es um den Entwicklungsprozess eines Jugendlichen, welcher durch eine gemeinsame Reise mit einem Freund in einem gestohlenen Auto angestoßen wird. Bevor es dazu kommt, verläuft das Leben des 14-jährigen Schülers Maik Klingenberg, zugleich Erzähler und Hauptfigur, eher unspektakulär, vielfach auch enttäuschend: In der Schule ist Maik ein wenig beachteter Außenseiter und auch in der Familie gibt es angesichts einer drohenden beruflichen Pleite seines Vaters sowie der alkoholkranken Mutter Probleme. Erst als ihn der neue deutsch-russische Mitschüler, von allen nur „Tschick“ genannt, zu dem Ausbruch aus seiner engen, als langweilig empfundenen Welt überredet, kommt es zu Erlebnissen, die Maik verändern und ihn näher zu sich selbst führen.

Einordnung des Kapitels in den Roman

Bei dem vorliegenden Kapitel 45 handelt es sich um ein Gespräch zwischen Maik und seinen Eltern, welches auf die Emanzipation des Jungen von seinem gewalttätigen und manipulativen Vater, Josef Klingenberg, hinweist. Das Gespräch findet im Anschluss an die Reise mit Tschick statt, nachdem die beiden Jungen mit einem gestohlenen Auto einen Unfall auf der Autobahn gehabt haben und Maik von der Polizei aufgegriffen und schließlich wegen einer Verletzung im Krankenhaus behandelt worden ist. In formaler Hinsicht steht das Kapitel somit unmittelbar im Anschluss an die Binnenhandlung (Reise von Maik und Tschick) und stellt dabei ein Wiederansetzen an die Rahmenhandlung dar. Maik ist nach seiner Reise wieder bei seinen Eltern zu Hause und wartet auf den Prozess, in dem es um die von ihm begangenen Straftaten gehen wird. Seit dem Unfall hat Maik, den die Polizei im Schockzustand angetroffen hat, seinen Freund Tschick, dem zunächst die Flucht trotz eines Gipsfußes gelungen ist, nicht wiedergesehen.

Dass Maik und sein gleichaltriger Mitschüler Tschick überhaupt die Möglichkeit zu einer Reise in einem gestohlenen Auto hatten, liegt dabei unter anderem in dem Verhalten von Maiks Eltern begründet, denn der Junge sollte zwei Wochen in den Sommerferien allein zu Hause bleiben, während die Mutter eine Entziehungskur macht und der Vater die Gelegenheit ergreift, um mit seiner Geliebten ungestört zusammen sein zu können. Im Angesicht der Misere – des Auffliegens mehrerer Straftaten und eines lebensgefährlichen Unfalls – ist es jedoch nun einseitig Maik, der sich für sein Tun vor dem Vater rechtfertigen muss.

Inhaltlicher Aufbau

Das Kapitel lässt sich in vier Sinnabschnitte gliedern. Im ersten Sinnabschnitt (S. 227, Z. 1–S. 228, Z. 32) wird ein Dialog dargestellt, in welchem die Vorwürfe des Vaters an seinen Sohn sowie dessen Reaktionen darauf im Mittelpunkt stehen. Im zweiten Abschnitt (S. 229, Z. 1–S. 230, Z. 6) geht es um die Versuche Josef Klingenbergs, Maik um eigener Vorteile willen zu einem Meinend vor Gericht zu überreden. Der nächste Sinnabschnitt (S. 230, Z. 7–23) thematisiert einen Gewaltausbruch des Vaters, nachdem sein Sohn ihm in seinen Absichten widersprochen hat. Maiks sich anschließende Reflexionen werden schließlich im vierten und letzten Sinnabschnitt (S. 230, Z. 24–S. 231, Z. 14) gezeigt.

Der erste Sinnabschnitt

Das Kapitel beginnt für den Leser unvermittelt mit einer abwertenden Aussage Josef Klingenbergs über seinen Sohn. Dass sie wie eine Art niederschmetterndes Fazit über die angebliche Dummheit Maiks wirkt, lässt darauf schlie-

Unvermittelter Beginn, Hinweis auf eine nicht erzählte Vorgeschichte

ßen, dass das Gespräch zuvor bereits in Teilen, die allerdings nicht erzählt werden, stattgefunden hat. Offenbar hat Josef Klingenberg gebetsmühlenartig versucht, Maik vor Augen zu halten, dass er „mächtig Scheiße gebaut" (S. 227) habe, denn dieser betont, er habe dies „zum ungefähr hundertsten Mal heute" (ebd.) gehört und wisse nicht, was sein Vater Weiteres wolle als das bereits geleistete Eingeständnis seiner Schuld.

Machtdemonstrationen des Vaters

Angesichts der Machtdemonstrationen des Vaters kann der Leser ahnen, dass es ihm weniger um eine sachliche Klärung oder um eine erzieherische Absicht geht, sondern vielmehr darum, der eigenen Wut Ausdruck zu verleihen. Ein weiteres Indiz dafür ist auch die Körpersprache der beiden, die eher an einen Kampf erinnert als an eine Konversation. Beide sitzen sich gegenüber, wobei Maiks Knie von denen des Vaters festgehalten werden, was ihm die Chance nimmt, Distanz zu gewinnen oder eine Haltung einzunehmen, die Ebenbürtigkeit ausdrückt. Sarkastisch kommentiert Maik, der in seiner eingezwängten Lage das Rasierwasser des Vaters bestimmen kann, dass dieser es „zum hundertsiebzigsten Geburtstag" (ebd.) bekommen habe, und er drückt damit aus, wie wenig es dem Vater gelungen ist, im Herzen jung zu bleiben.

Beschimpfungen Maiks durch Josef Klingenberg

Die an Maik gerichtete Ansprache besteht vor allem darin, ihn für sein Handeln zu beschimpfen. Die vulgäre Sprache zeugt dabei von Josef Klingenbergs innerem Aufruhr und seiner Wut, aber auch seiner kommunikativen Hilflosigkeit. Die Fragen, die er stellt, haben zumeist rhetorischen Charakter und verhindern ein ernst gemeintes Gespräch mit Maik über dessen Motive und Erlebnisse auf der Fahrt. Sie verfolgen einzig und allein den Zweck, Maik zu demütigen und ihm einzuimpfen, wie falsch sein Verhalten gewesen ist. Jeder Versuch, eine für den Vater befriedigende Reaktion zu zeigen, ist daher zum Scheitern verurteilt und wird entsprechend auch entweder mit einer weiteren Beschimpfung oder sogar mit einer Ohrfeige quittiert. Dass Josef Klingenberg dabei sogar so weit geht, seinen Sohn einen „Idiot[en]“ (S. 227) zu nennen, zeugt von seinem absoluten Unverständnis und hasserfüllten Zorn dem Sohn gegenüber.

Maiks Wunsch nach Wahrhaftigkeit und sein Bekenntnis zu der Freundschaft mit Tschick

Dass es bereits so weit gekommen ist, dass Josef Klingenberg die Hand gegen seinen Sprössling erhebt, liegt offenbar an Maiks Entschluss, in diesem Gespräch nicht lügen zu wollen (vgl. S. 228). Weil ihm die eigenen Vorteile nicht so wichtig sind wie die Wahrheit, sträubt er sich gegen eine Darstellung der Ereignisse, wonach er sich völlig passiv verhalten habe und von Tschick in die Sache hereingezogen worden sei. Der Wunsch nach Wahrhaftigkeit im Hinblick auf die Geschehnisse zeugt davon, wie wichtig sie für Maik geworden sind, sodass er sie nicht in der Öffentlichkeit verdreht wissen will. Möglicherweise käme ihm dies nicht nur wie ein Verrat an der gemeinsamen Zeit, sondern vor allem auch an seinem Freund Tschick vor, dem die ganze Schuld aufgeladen werden würde. Um dennoch seinen Vater so weit wie möglich zu besänftigen und ihn von weiteren Schlägen abzuhalten, entschließt sich Maik dazu, wenigstens etwas „Zerknirschung“ (S. 228) vorzuspielen. Damit, dass er hier ganz rational die Entscheidung trifft, sich zu verstellen, zeigt er in gewisser Weise eine Überlegenheit gegenüber dem blindwütigen und unkontrollierten Vater.

Widerspruch gegen den Vater als Beweis für eine innere Reifung Maiks

Dass Maik durch seine Reise gereift ist, lässt sich weiter auch daran ablesen, dass er seinem Vater widerspricht. Als dieser ihn mit dem Argument angreift, sein Verhalten gefährde den Ruf und damit das Immobiliengeschäft des Vaters, wagt Maik es, ihn auf die desolate und bereits ruinierte berufliche Lage hinzuweisen (vgl. S. 228). Noch bevor er seinen Satz überhaupt zu Ende führen kann, schlägt ihm der Vater erneut mit einer solchen Wucht ins Gesicht. Maiks Mutter ist während des gesamten Gesprächs betrunken und daher weitgehend handlungsunfähig. Dennoch scheint sie auf der Seite ihres Sohnes zu stehen, denn auch sie widerspricht ihrem Mann in seiner fixen Idee, dass Maik den Ernst der Lage nicht begreife (vgl. S. 227), und bemüht sich weiterhin, wenn auch vergeblich, den Gewaltausbruch zu verhindern. Paradoxerweise ist es somit sie, die trotz ihres Zustandes die Situation und vor allem ihren Sohn besser einzuschätzen weiß als der nüchterne, aber vollends in Rage und damit außer sich geratene Vater.

Der zweite Sinnabschnitt

Im zweiten Sinnabschnitt wird erzählt, wie der Vater nunmehr manipulativ in einem sehr langen, monologisch wirkenden Redebeitrag auf den Sohn einredet. Maik und seine Mutter kommen dabei angesichts seiner Dominanz und seines Desinteresses an anderen Meinungen kaum zu Wort.

Perfider Plan Josef Klingenbergs – Meineid vor Gericht und einseitige Schuldzuweisung

Der Plan, den sich Josef Klingenberg ausgedacht hat, basiert auf einem Meineid Maiks vor Gericht, der ihm dazu verhelfen soll, „mit einem blauen Auge davon zukommen“ (S. 229). Dazu soll Maik die Schuld für alle Geschehnisse auf Tschick schieben, damit das Verfahren gegen ihn selbst eingestellt wird. Mitleid mit Tschick und seiner Familie, die durch diese Lüge eine weit höhere Strafe, d.h. konkret die Einweisung Tschicks in ein Heim oder gar eine Abschiebung zu befürchten hätte, kennt Josef Klingenberg dabei nicht. Er glaubt, dass die „kriminelle Karriere“ (S. 229), also die Liste an Straftaten, die Tschick im Verbund mit seinem Bruder begangen hat, generell zeigt, dass „der […] in der Scheiße [lebt] […], wo er auch hingehört“ (ebd.). Die geplante Vorgehensweise wirft ein Licht auf sehr negative Charakterzüge des Vaters. Er ist nicht nur ausgesprochen hartherzig und egoistisch, sondern auch ein Lügner, der ohne jede Rücksicht und Empathie um der eigenen Vorteile willen zu handeln bereit ist.

Verblendung des Vaters und Fehleinschätzung der familiären Situation

Die eigene Familie dagegen sieht er indes als das Gegenteil der deutsch-russischen Familie Tschicks. Dabei macht er den Fehler, materiellen Reichtum als Indikator für ein gutes

Elternhaus zu betrachten. Einen vorausgegangenen Besuch des „Typ[en] von der Jugendgerichtshilfe" (ebd.) deutet er aufgrund seiner eigenen Verblendung deshalb auch völlig falsch, wenn er glaubt, dass dieser nach seinem Besuch geurteilt habe, es handele sich bei den Klingenbergs um „ein Elternhaus mit den besten Möglichkeiten und allem Pipapo" (S. 230). Später, vor Gericht, wird sich anhand seines Gutachtens erweisen, dass der Sachverständige genau der gegensätzlichen Meinung ist, denn er lässt verlauten, dass Maik „vernachlässigt würde und verwahrlost sei und [s]eine Familie letztlich auch so eine Art asozialer Scheiße [sei]" (S. 236). Josef Klingenberg macht sich also etwas vor, wenn er von sich glaubt, er handele verantwortungsvoll. Weil er dies jedoch in seiner Selbstverliebtheit nicht einsieht, versucht er schließlich auf die skeptische Rückfrage Maiks zum Vorgehen am kommenden Verhandlungstag, ihn zu manipulieren. Dass er glaubt, das Verhalten Maiks steuern zu können, zeigt sich auch an der Benutzung des Futurs in seiner Aussage: „Das sollst du nicht, das *wirst* du machen." (S. 229) Seinem Gegenüber verweigert er damit jegliches Recht auf eine selbstbestimmte Entscheidung.

Der dritte Sinnabschnitt

Maiks mutiger Entschluss und seine Verantwortungsbereitschaft

Der dritte Sinnabschnitt stellt die Reaktion Maiks und die Folgen dar. Der Sohn, obschon er inzwischen von der Gewaltbereitschaft des Vaters weiß und auch bereits Schläge einstecken musste, teilt ihm seinen Entschluss mit. Er wolle sagen, was passiert sei, nicht zuletzt, weil er glaube, dass der Richter „doch nicht blöd" (S. 230) sei und er ihn somit auch nicht derart täuschen könne. Angesichts der zu erwartenden Gewalt ist Maiks fester Entschluss durchaus bewundernswert, weil er nicht den Weg des geringsten Widerstandes geht, sondern seinem Vater ganz offen einen Spiegel vorhält, in dem dieser erkennt, wie dumm und einfältig sein ausgeklügelter Plan ist. Anders als der Vater, der lieber unter Vorspiegelung falscher Tatsachen eigene

Vorteile erringen will, will Maik Verantwortung für sein Tun übernehmen, indem er dafür geradesteht.

Prügel und Tritte für den Sohn als Ausdruck völliger Willkür

Maiks Vater ergreift nicht einmal mehr das Wort, sondern lässt nunmehr nur noch Fäuste sprechen. Das von Maik beobachtete „Blitzen in seinen Augen“ (S. 230) verweist auf die Gefährlichkeit Josef Klingenbergs, der nicht nur auf den Sohn einprügelt, sondern ihn auch – schon am Boden liegend – mit Fußtritten malträtiert. Völlig in Rage und außer sich hält der Erwachsene nicht einmal inne, als die Mutter versucht, ihm Einhalt zu gebieten, dabei aber volltrunken umfällt und nur noch rufen kann. Während er verprügelt und getreten wird, beobachtet Maik das Fenster. Er sieht den blauen Himmel, der in seiner Verheißung von Weite und Freiheit einen Gegensatz zu der familiären Enge bildet. Auch sieht er einen „braune[n] Junge[n]“, der Blätter aus dem Pool fischt und schließt daraus, dass die Eltern „den Inder“ (ebd.) wieder eingestellt haben. Diese Beobachtung wirkt auf den Leser trostlos, denn sie zeigt, dass der Umgang Josef Klingenbergs sowohl mit dem Personal wie auch mit dem eigenen Sohn seiner Willkür und seinem Machtgehabe unterliegt. Seine Kommunikationsformen bestehen einseitig aus Befehlen und Bestrafen, schließen aber die Chance auf Partnerschaftlichkeit aus.

Der vierte Sinnabschnitt

Der vierte und letzte Sinnabschnitt setzt ein, nachdem die Eltern das Zimmer verlassen haben. Maik erzählt davon, wie er im Bett liegt und den Geräuschen draußen lauscht. Dabei bekommt er mit, wie sein Vater auch den Inder draußen noch beschimpft, und resümiert, es handele sich bei diesem Tag offenbar um den „große[n] Schreitag für meinen Vater“ (S. 230f.). Der Anblick seines alten Rollos, an dem er „rumzuppelt[]“ (S. 230), erinnert ihn an seine Kindheit und er stellt sich die Frage, wie lange die festgefahrene Situation so noch bleiben werde. Seine Gedanken spiegeln dabei seinen Reifungsprozess von einem unmündigen Kind, das das Verhalten der Eltern unhinterfragt hinnimmt,

Gedanken an die Kindheit bei der Betrachtung des Rollos – Ausdruck von Maiks Reifeprozess zu einem Jugendlichen, der die Dinge infrage stellt und spürt, dass große Veränderungen bevorstehen. Dabei vermutet er hellsichtig, dass es möglicherweise ein Ende der Ehe seiner Eltern geben könnte, das mit einem Umbruch seines ganzen bisherigen Lebens einhergehen würde.

Ablösung von den Eltern, Hinwendung zu den Freunden als neue Bezugsgruppe

In dieser Situation der Unsicherheit und angesichts der Schmerzen, die er fühlt, hilft ihm der Gedanke an ein Wiedersehen mit Tschick. Dieser, so erfährt der Leser jetzt, wurde in ein Heim gebracht, wo er zunächst einmal keinen Kontakt haben darf. An Maiks gedanklicher Hinwendung zu Tschick zeigt sich erneut ein ganz typisches Merkmal seines neuen Entwicklungsstadiums. So sind es für ihn, der seine Kindheit hinter sich gelassen hat, nicht mehr länger die Eltern, die zählen, sondern die Freunde bzw. die Peergroup. Maik hat sich von seinem Vater endgültig emanzipiert.

Schluss

Reifung Maiks, Veränderung der innerfamiliären Machtverhältnisse, Ausblick auf kommende Veränderungen

Die Bedeutung des Kapitels besteht darin, dem Leser den „neuen Maik", der nach seiner Reise seine Kindheit abgestreift hat und zu einem autonom denkenden Jugendlichen gereift ist, vor Augen zu führen. Besonders augenfällig wird die Entwicklung des Erzählers an dem inzwischen veränderten Verhältnis zu seinem Vater, denn während er vor seiner Reise mit Tschick zwar die Machenschaften des Vaters durchschaut hat, niemals aber dagegen opponiert hätte, ist er nun in der Lage, dem Älteren Paroli zu bieten. Indem er ihm mit nur sehr wenigen Worten sowohl die Verwerflichkeit seines geplanten Vorgehens vor Gericht wie auch die geringen Aussichten auf Erfolg vor Augen hält, erweist er sich nicht nur ebenbürtig, sondern auch überlegen. Der Vater dagegen wird in seiner ganzen Hilflosigkeit und Aggressivität gezeigt, wodurch seine Rolle als Negativfigur weiter zementiert wird. Der Leser darf angesichts der Entwicklung, die die Handlung genommen hat, vermuten, dass große Veränderungen im Hinblick auf die ungesunde Familienstruktur und somit auch für das Leben Maiks bevorstehen.

Beispiel für eine aspektgeleitete Analyse: Freundschaft zwischen zwei unterschiedlichen Jungen

Aufgabe: Analysieren Sie das Kapitel 41 im Hinblick auf die Gestaltung des Freundschaftsmotivs. Gehen Sie dabei insbesondere auf die Fragen ein, wie sich die Freundschaft zwischen Maik und Tschick inzwischen entwickelt hat und welche Bedeutung sie gewinnt.

Einleitung

Der Adoleszenzroman „Tschick“ von Wolfgang Herrndorf, erschienen 2010, handelt von den Erfahrungen des 14-jährigen Schülers Maik Klingenberg während einer gemeinsamen Autofahrt mit einem deutsch-russischen Mitschüler durch die ostdeutsche Provinz. Die immer intensiver werdende Freundschaft zueinander, die abenteuerlichen Ereignisse auf den Autobahnen und im Hinterland, die Sehnsucht nach Freiheit und Autonomie und die erwachenden Gefühle während der nur einwöchigen Fahrt prägen die beiden Protagonisten dabei in einer Weise, die dazu beiträgt, dass zumindest der Ich-Erzähler nach seiner Rückkehr in das zerrüttete Elternhaus und in die Schule nicht mehr länger das unmündige Kind ist, sondern zu einem eigenständigen Jugendlichen geworden ist.

Untersuchungsaspekte

In dieser Analyse auf der Grundlage des Kapitels 41 soll das Freundschaftsmotiv anhand dreier Aspekte untersucht, gedeutet und bewertet werden, die im Folgenden benannt werden: Zunächst einmal geht es um die Frage, welche Charakterzüge für die beiden Freunde wesentlich sind, um zu klären, auf welcher Basis sich die Freundschaft zwischen ihnen entwickelt. Anschließend wird untersucht, welche Stationen für die Freundschaft besonders wichtig waren und wie diese sich während der gemeinsamen Reise entwickelt hat. Als dritter und letzter Aspekt wird die Bedeutung des Dialogs zwischen Maik und Tschick, in dem beide sich ihre Geheimnisse, Ängste und Besonderheiten anvertrauen, untersucht.

Aspekt 1: Wesentliche Charakterzüge der ungleichen Jungen

Bei seinem Entwicklungsprozess spielt die Freundschaft zu dem gleichaltrigen neuen Mitschüler Andrej Tschichatschow, genannt „Tschick", eine wichtige Rolle, ohne den ein Ausbruch aus dem einengenden und demütigenden Alltag in Schule und Familie nicht möglich gewesen wäre. Die beiden Jungen werden dem Leser zunächst einmal als völlige Gegensätze vorgestellt: Während Maik – sich selbst und seine Herkunft trotz des Wohlstands der Eltern verachtend – sich als „reich, feige, wehrlos" (S. 62) bezeichnet, handelt es sich bei Tschick um jemanden, der trotz seines „schwere[n] Schicksal[s]" (S. 52) und seiner Alkoholprobleme durchaus in der Lage ist, sich etwa gegen unerwünschte Spötteleien durch viel ältere Jungen zur Wehr zu setzen (vgl. S. 48f.). Dabei spielen sicherlich auch Tschicks fremd wirkendes äußeres Erscheinungsbild, seine Schweigsamkeit und der dunkel-geheimnisvolle Eindruck, der von ihm ausgeht und die Gerüchteküche anheizt, eine Rolle. Erst später wird deutlich, dass zwischen den beiden doch einige Gemeinsamkeiten bestehen. So kommen sie beispielsweise beide aus Elternhäusern, in denen die Kinder aus ganz unterschiedlichen Gründen vernachlässigt werden und wohl auch deshalb vielleicht gefährdet sind, straffällig zu werden.

Die Vorgeschichte – langsam wachsende Freundschaft

Bevor es zu einer freundschaftlichen Annäherung zwischen den Jungen kommt, muss Maik mit seinen Vorurteilen, es handele sich bei Tschick um einen „Asi", den er wie alle anderen auch „von Anfang an nicht leiden" (S. 41) konnte, aufräumen. Aufgrund des Entschlusses seines Vaters, ihn vierzehn Tage allein zu Hause zu lassen, und aufgrund des Anbruchs der Sommerferien ist Maik dem Bannkreis seines alltäglichen Umfeldes entzogen und beginnt schließlich, seinen eigenen Wahrnehmungen zu trauen und auf deren Grundlage zu urteilen. In diesem Zusammenhang lernt er

Tschick als jemanden kennen, der ihn aus dem Schneckenhaus lockt, in das er sich nach einigen demütigenden Erfahrungen und aufgrund seiner Ängste, langweilig zu sein, zurückgezogen hat. Dieser Prozess beginnt damit, dass Tschick Maik, nachdem er dessen heimliche Verliebtheit in die gemeinsame Mitschülerin Tatjana Cosic erkannt hat, dazu überredet, uneingeladen auf ihrer Party zu erscheinen und ihr die Zeichnung von Beyoncé, die er in mühevoller Arbeit erstellt hat, zu überreichen. Der Geschmack von Freiheit, in einem gestohlenen Auto mit Tschick am Steuer herumzufahren, darf neben einem Gespräch, in welchem Tschick von seinen Verwandten in der Walachei berichtet und vorschlägt, diese zu besuchen, als Initialzündung für die Bereitschaft zur gemeinsamen Reise gesehen werden.

Aspekt 2: Wichtige Stationen auf der Reise und Intensivierung der Freundschaft

Während Tschick somit derjenige ist, der die Initiative zum näheren Kennenlernen sowie zum Aufbruch übernommen hat, ist Maik schon bei den chaotischen Vorbereitungen für die Reise mit demselben Feuereifer bei der Sache wie sein neu gewonnener Freund. Für eine stärkere Gleichberechtigung bei den Entscheidungen, die mit der Reise zu tun haben, spricht weiter auch die Tatsache, dass Tschick Maik auf einer einsamen Wiese das Fahren beibringt und er somit buchstäblich wie auch symbolisch das Steuer in die Hand nimmt. Während der Fahrt wird die Freundschaft zwischen Maik und Tschick durch gemeinsame Erlebnisse und Begegnungen, das Durchstehen gefährlicher Situationen, viele Gespräche, eine situationsbedingte Trennung und ein Wiedersehen sowie die kurzzeitige Anwesenheit eines Mädchens namens Isa immer intensiver. Die beiden spüren, dass sie die für beide wichtige Reise nur fortsetzen können, wenn sie sich auf die Solidarität und das Verständnis des anderen verlassen.

Aspekt 3: Dialog zwischen Maik und Tschick

Besondere Bedeutung für die Entwicklung der Freundschaft hat schließlich ein Gespräch, das in Kapitel 41 wiedergegeben wird. Es findet statt, nachdem Tschick sich den

Fuß gebrochen hat und er deshalb als Fahrer des Wagens nicht mehr infrage kommt. Im Krankenhaus, in dem er behandelt wird, sieht es zunächst danach aus, als sei die Reise nun an ihr Ende gekommen und das Auto nach mehrfachen Überschlägen zerstört. Die triste und ernüchterte Stimmung angesichts dieser bitteren Erkenntnis hellt sich erst auf, als die beiden Jungen das Fahrzeug am Straßenrand wiedererkennen und Hoffnung schöpfen, dass es noch fahrtüchtig sein könnte. Unter Vortäuschung falscher Tatsachen flüchten sie aus dem Krankenhaus und eilen zum Fahrzeug, um die Möglichkeit einer Weiterfahrt zu überprüfen. Als sie feststellen, dass das Auto tatsächlich noch fährt, überkommen Maik jedoch starke Selbstzweifel. Er traut sich nicht zu, den Lada auf einer Autobahn zu fahren, auch wenn Tschick das Schalten übernimmt. Dabei verweist die Begründung, die er für seine Weigerung gibt, auf den Zusammenhang zwischen seinem inneren Zustand und seiner Bereitschaft zum Fahren, das symbolisch als der Übergang zur Aktivität und als Ergreifen von Autonomie gedeutet werden kann.

Bedeutung des Fahrertausches als Probe für Maiks Selbstvertrauen und seine Autonomie

Maik offenbart Tschick erstmals seine größten Ängste, indem er bekennt, er sei „der größte Langweiler und der größte Feigling" (S. 212), der nur deshalb in die Reise eingewilligt habe, um „wenigstens einmal im Leben *nicht* langweilig" (S. 213) zu sein. Als Indikator dafür sieht er die Tatsache an, dass die von ihm angebetete Tatjana ihn nicht zu ihrer Party eingeladen habe. Die sehr offenen und selbstkritischen Aussagen stellen einen großen Vertrauens- und Freundschaftsbeweis dar, denn sie stehen im Gegensatz zu der vorher bewiesenen Abenteuerlust und dem damit verbundenen Mut und bergen deshalb die Gefahr, dass Maik von Tschick fortan verachtet wird.

Maiks Bekenntnis seiner Ängste als Vertrauensbeweis

Anstatt abwertend oder enttäuscht zu reagieren, antwortet Tschick mit einem längeren Redebeitrag, in welchem er zunächst den Ängsten Maiks entschieden widerspricht und

Tschicks einfühlsame Reaktion und seine gute Beobachtungsgabe

es schafft, sie zu zerstreuen. Dabei baut er dessen Selbstbewusstsein auf, indem er ganz offen darüber spricht, wie wichtig die gemeinsam verbrachte, „tollste und aufregendste Woche unseres Lebens“ (S. 213) auch für ihn gewesen ist. Anschließend liefert er eine alternative Erklärung dafür, warum Maik von den Mädchen in der Schule nicht beachtet wird, indem er betont, dass dies an seinem eigenen, zurückhaltenden Verhalten liege. In seinen Aussagen zeigt sich, wie genau Tschick schon während der Schulzeit das Verhalten der Mitschüler wahrgenommen hat und sie – trotz seines wiederholten Alkoholrausches – einordnen kann.

Tschicks „Coming-out“ als Vertrauens- und Freundschaftsbeweis

Die Wertungen, die er dabei vornimmt, besonders im Hinblick auf die beiden Mädchen Tatjana und Isa, decken sich mit den Ahnungen und Eindrücken des Lesers. Indem Tschick Isa – gegenüber der „taube[n] Nuss“ (S. 213) Tatjana – den Vorzug gibt und Maik sogar darin bestärkt, seine Gefühle zu ihr zuzulassen, springt er insofern ein Stück weit über den eigenen Schatten, als er zuvor Isa eher abwertend oder gleichgültig entgegengetreten ist. Nun jedoch, da es darum geht, den Freund aufzurichten und ihn zu bestärken, ist er nicht nur zu diesem Zugeständnis bereit, sondern vertraut ihm auch sein eigenes Geheimnis an. Er outet sich selbst erstmals als homosexuell und zeigt damit seinerseits dem Freund seine sensible und verletzliche Seite. Dass er in der Vergangenheit immer wieder abwertend über Schwule gesprochen hat, kann der Leser – wie auch Maik – nun als Abwehr- und Schutzmechanismus erkennen. Ebenso wie zuvor Tschick reagiert auch Maik mit Verständnis und so tiefer Sympathie, dass er einen Moment lang überlegt, „auch schwul zu werden“ (S. 214). Die Beziehung zwischen beiden hält es jedoch auch aus, dass daraus schließlich nichts wird und sie beide als Freunde miteinander umgehen.

Die gemeinsame Weiterfahrt als Symbol für das jugendliche Lebensgefühl

Als ein sichtbares Zeichen für den Willen, die Freundschaft fortzusetzen und die gemeinsame Geschichte weiterzuschreiben, gelingt es ihnen schließlich, als ein Team den Wagen auf die Autobahn zu steuern und wieder loszufahren: Maik bedient dabei das Steuer und die Pedale, während Tschick das Schalten übernimmt. Die neue Situation verdeutlicht dabei nicht nur die Gleichwertigkeit und den gemeinsamen Willen der Jungen, sondern auch die Überwindung der lähmenden Ängste. An die Stelle von Resignation und Zaghaftigkeit tritt in Maiks Bewusstsein ein Gefühl der Euphorie und „der Unzerstörbarkeit" (S. 215). Die Freundschaft und das wechselseitige Vertrauen, das sie inzwischen verbindet, erweisen sich als Motor dafür, die Reise fortzusetzen, die auf Maik eine die Grenzen des Alltags überschreitende Wirkung ausübt. Dass er in dem Moment des Fahrens glaubt, nichts könne sie aufhalten und sie würden „immer unterwegs sein" (S. 216), verweist symbolisch auf das Lebensgefühl des Heranwachsenden. Er gibt sich in absoluter Weise dem Hier und Jetzt hin und möchte gleichzeitig den flüchtigen Augenblick und die Freundschaft für die Ewigkeit festhalten. Dasselbe Gefühl ist es gewesen, das bereits zuvor die zwei im Verbund mit Isa dazu bewogen hat, ihre Initialen in das Holz auf einer Berghütte zu schnitzen und sich ein Wiedersehen in 50 Jahren zu schwören.

Schluss

Die Freundschaft zwischen den ungleichen Jungen erwächst aus ihrer vielleicht einzigen Gemeinsamkeit, nicht genügend Rückhalt und Beachtung von ihren Eltern zu erfahren und somit empfänglich für jeden Versuch des Ausbrechens aus dem Alltag zu sein. Die Beziehung zwischen ihnen entwickelt sich dann vor allem auf der gemeinsamen Reise und somit in einer Art Parallelwelt, in welcher sie den Gesetzmäßigkeiten der bürgerlichen Gesellschaft sowie ihrer Rolle als Minderjährige entzogen sind und eintauchen in die Freiheit. Während die Basis für die Freundschaft zunächst die Abenteuerlust und die gemeinsamen Erlebnisse

Freundschaft als bedeutender Bezugsrahmen während der Phase der Adoleszenz

bilden, entwickelt sich im Laufe der Zeit genügend Vertrauen zueinander, dem jeweils anderen gegenüber auch Ängste oder Geheimnisse preiszugeben, ohne fürchten zu müssen, dafür verachtet zu werden. Die Freundschaft wird ihnen so wichtig, dass Maik für sie sogar die Beziehung zu seinen Eltern aufs Spiel zu setzen bereit ist und entgegen den Warnungen und Drohungen seines Vaters alles daran setzt, seinen Freund während des Prozesses möglichst zu entlasten. Angesichts der sehr unterschiedlichen Lebenswelten sowie der Tatsache, dass Tschick in einem Heim untergebracht wird, während Maik von einem Versager zu einem vielleicht beliebten Jungen der Klasse avanciert,

Eine Freundschaft mit Perspektive?

stellt sich dem Leser die offene Frage, ob die Jungenfreundschaft ein Phänomen ist, welches eng mit dem Ausbruch aus der Gesellschaft zusammenhängt und somit auch nur in der Parallelwelt Bestand hat, oder ob Maik und Tschick es schaffen können, sie aufrechtzuerhalten.

Der Blick auf die Prüfung: Themenfelder

Dieses Kapitel dient der unmittelbaren Vorbereitung auf die Prüfung: Schulaufgabe bzw. Klausur oder schriftliche bzw. mündliche Abiturprüfung. Die wichtigsten Themenfelder werden in einer übersichtlichen grafischen Form dargeboten. Außerdem verweist eine kommentierte Liste mit Internetadressen (S. 143) auf mögliche Quellen für Zusatzinformationen im Netz.

Die schematischen Übersichten können dazu genutzt werden,

- die wesentlichen Deutungsaspekte des Werkes kurz vor der Prüfungssituation im Überblick zu wiederholen,
- die Kerngedanken des Romans noch einmal selbstständig zu durchdenken und
- mögliche Verständnislücken aufzuarbeiten.

Zum Verständnis der Schemata ist die Kenntnis der vorangegangenen Kapitel unerlässlich. Die Übersicht III (Vergleichsmöglichkeiten mit anderen literarischen Werken) soll als Anregung dienen, um den eigenen Lektürekanon auf möglicherweise interessante Vergleichspunkte hin abzuklopfen.

Übersicht I: Themen und Motive

Wolfgang Herrndorf: „Tschick“

Liebe und erwachende Sexualität
- Maik zwischen Tatjana und Isa
- Erfahrungen: erste zaghafte Annäherungen, gegenseitige Freundschaftsbeweise, plötzlicher Verlust und Hoffnung auf ein Wiedersehen
- „Carpe diem!“ (S. 188) – Motto Horst Frickes
- „Coming-out“ Tschicks als homosexuell

Freundschaft
- Freundschaft zwischen ungleichen Jungentypen
- Erprobung der Beziehung durch gemeinsame Erlebnisse
- Verknüpfung des Freundschafts- und Reisemotivs
- Versuch der Verewigung des Augenblicks im Schnitzen der Initialen und im Versprechen eines Wiedersehens in der Zukunft

Leben in der Familie
- konflikthafte Familiensituation: Mutter alkoholkrank, Vater mit heimlicher Geliebter
- festgefahrene Strukturen mit klaren, einengenden Rollenerwartungen
- Diskrepanz zwischen äußerem Schein und Sein
- Vater-Sohn-Konflikt
- beginnende Ablösung vom Elternhaus und Hinwendung zu den Freunden
- Scheitern der Ehe der Eltern

Identitätsfindung
- Entwicklung Maiks von einem schüchternen, introvertierten und unglücklichen Schüler zu einem mutigen und selbstbewussten Jugendlichen
- Erfahrung unbedingter Freundschaft als Voraussetzung zur Annahme seiner selbst
- Begegnungen mit freundlich-skurrilen Personen als Basis zur Revision von Vorurteilen und einem falschen, pessimistischen Weltbild

Übersicht II: Aufbau, Erzählweise und Sprache

Wolfgang Herrndorf: „Tschick"

Aufbau des Romans
- Ich-Erzählform
- Jugendlicher (Schüler) als Protagonist und Erzähler
- Wechsel von Erzählerbericht und Figurenrede (v. a. Dialoge)
- Struktur: Rahmen- und Binnenhandlung
- Episodenstil
- offenes Ende

Stil und Sprache
- Anlehnung an die Sprache des jugendlichen Erzählers: Verwendung von Jugendsprache, Nachahmung konzeptioneller Mündlichkeit
- intertexuelle Bezüge (z. B. Motto des Romans, Hinweis auf Filme wie „Starship Troopers" und „Independence Day", Anlehnung an romantische Literatur)
- Erzählerkommentare zwischen jugendlicher Naivität und kritisch-entlarvender Beobachtungs- und Reflexionsgabe

Genre
- Adoleszenzroman („Coming-of-Age-Story")
- Elemente des problemorientierten Jugendromans und des Abenteuerromans
- Roadnovel (Roadmovie)
- Heldenreise

Erzählerische Besonderheiten
- Eindruck von Authentizität und Unmittelbarkeit durch Nähe zur Erzählerfigur
- Vorwegnahme des Endes der Reise zu Beginn: unmittelbare Begegnung mit dem Protagonisten, Weckung von Neugier durch unbeantwortete Fragen
- Verlebendigung des Geschehens durch urkomische Dialoge und spannungssteigernde Elemente (z. B. Verfolgungsjagden)
- grundsätzlich chronologisches Erzählen (Ausnahme: Rahmenhandlung), lockere Verknüpfung einzelner zusammengehöriger Kapitel (Episodenstil)
- Wechsel von zeitdeckendem und zeitraffendem Erzählen

Übersicht III: Vergleichsmöglichkeiten mit anderen literarischen Werken

Wolfgang Herrndorf: „Tschick“

Herrndorfs Romankonzeption im Vergleich
- mit der Roadnovel „Das Ungeheuer“ von Terézia Mora
- mit dem Adoleszenzroman „Running Man“ von Michael Gérard Bauer
- mit dem Roman „Die Abenteuer des Huckleberry Finn“ von Mark Twain
- mit dem Adoleszenzroman „Der Fänger im Roggen“ von J. D. Salinger
- mit der romantischen Novelle „Aus dem Leben eines Taugenichts“ von Josef von Eichendorff

Figurenvergleiche
Maik Klingenberg …
- … mit Holden Caulfield, dem Protagonisten aus J. D. Salingers Roman „Der Fänger im Roggen“
- … mit Benni aus Benjamin Leberts Jugendroman „Crazy“
- … mit Törleß aus Robert Musils Roman „Die Verwirrungen des Zöglings Törleß“
- … mit Hans Giebenrath aus Hermann Hesses Roman „Unterm Rad“

Josef Klingenberg …
- … mit dem Vater von Gregor Samsa aus Franz Kafkas Erzählung „Die Verwandlung“
- … mit Helmut Halm aus Martin Walsers Novelle „Ein fliehendes Pferd“

Motivvergleiche
- Das Motiv des Vater-Sohn-Konflikts in Franz Kafkas Erzählung „Die Verwandlung“, in Friedrich Schillers Dramen „Kabale und Liebe“ und „Don Carlos“
- Das Motiv des Außenseitertums in Louis Sachars Jugend- und Abenteuerroman „Löcher“ und in Hermann Hesses Roman „Unterm Rad“
- Das Motiv der erwachenden Sexualität in Frank Wedekinds Drama „Frühlings Erwachen“
- Das Motiv des Unterwegsseins in Anne-Laure Bondoux’ Jugendroman „Die Zeit der Wunder“
- Das Motiv der Freundschaft in Peter Pohls Jugendroman „Jan, mein Freund“
- Das Motiv der Straffälligkeit in Friedrich Schillers Drama „Die Räuber“ und in der Erzählung „Der Verbrecher aus verlorener Ehre“

Internetadressen

Unter diesen Adressen kann man sich zusätzlich informieren:

www.wolfgang-herrndorf.de/
(„Arbeit und Struktur" – das Internettagebuch des Autors Wolfgang Herrndorf)

www.djlp.jugendliteratur.org/jugendbuch-3/artikel-tschick-129.html
(Begründung der Jury für die Vergabe des Jugendliteraturpreises)

http:lernarchiv.bildung.hessen.de/sek/deutsch/literatur/autoren/herrndorf/index.html
(Linksammlung u.a. zu einer Unterrichtsmaterialmappe mit Schwerpunkt „szenisches Spiel" sowie zu diversen Arbeitsblättern)

wikis.zum.de/zum/Tschick
(knappe Inhaltszusammenfassung sowie Hinweise zur Rezeption des Jugendromans)

www.tagesspiegel.de/kultur/tschick-rezension-endkomi scher-roadroman/1956422.html
(Rezension und Deutungsansätze zum Roman)

www.faz.net/aktuell/feuilleton/buecher/rezensionen/belle tristik/wolfgang-herrndorf-tschick-wenn-man-all-die-mue he-sieht-kann-man-sich-die-liebe-denken-1613025.html
(Rezension mit Hinweisen zur Deutung des Romans)

www.zeit.de/kultur/literatur/2013-08/nachruf-wolfgang-herrndorf
(Nachruf nach dem Tod des Autors mit vielen Hinweisen auf das Besondere seines Werkes)

[Stand: 24.11.2016]

Literatur

Textausgabe

Herrndorf, Wolfgang: Tschick. Rowohlt, Berlin [39]2014

Literatur- und Quellenverzeichnis

„Das wahre Leben ist anderswo ...“ – Road Movies als Genre des Aufbruchs. In: Road Movies. Hg. v. Norbert Grob und Thomas Klein. Mainz 2006

Herrndorf, Wolfgang: Arbeit und Struktur. Berlin 2013

Hoge-Benteler, Boris: Metakonstruktion. Zu Möglichkeiten des Umgangs mit problematischen Russland-/Russendarstellungen in der jüngsten deutschen Gegenwartsliteratur am Beispiel von Wolfgang Herrndorfs Roman „Tschick“. In: Kinder-/Jugendliteratur und Medien in Forschung, Schule und Bibliothek

Rauch, Marja: Jugendliteratur der Gegenwart. Grundlagen, Methoden, Unterrichtsvorschläge. In: Praxis Deutsch. Stuttgart 2012

Andre, Thomas: Wolfgang Herrndorfs Vermächtnis – Tschick ist zurück! In: Spiegel online 2014, www.spiegel.de/kultur/literatur/wolfgang-herrndorf-neuer-tschick-roman-bilder-deiner-grossen-liebe-a-992885.html (24.11.2016)